不登校から脱け出した

家族が見つけた幸せの物語

子どものために、あなたのために…

菜花 俊

青春出版社

はじめに

「あの制服をもう一度着てくれるなんて、それまでは夢にも思いませんでした」

「夫が変わりました。娘の不登校の状況を理解してくれるようになって、夫婦仲もよくなりました」

「自分一人じゃないのだとわかるだけでもとても勇気づけられ、諦めることなく息子を見守ることができました」

「いまは、朝学校へ送ると最後までいて、帰宅後はランドセルを玄関に置いて夕方まで友達と遊んでくる毎日です」

「新学期から順調に登校しています。いま思えば本人にとっても、私達親にとっても成長させてくれた期間だったと思えます」

これらは、日々、私のもとに届く不登校に悩んでいたご家族からの声の一部です。ほかにも、はじめて出した著書『不登校から脱け出すたった1つの方法』を読み、不登校を脱出したという報告もたくさんいただいています。

不登校支援を始めて10年。じつは、私自身、幼稚園、小学校、中学校と不登校でした。母はいつも泣いていました。

「不登校で悩むお母さんの力になりたい！」。私がそう強く願うのは記憶の中の母に報いるためかもしれません。

ひと口に「不登校」といっても、人によって環境や状態はさまざまです。

一組でも多くのご家族が希望の光を感じられるよう、本書ではいただいた体験報告をもとに、より多くのケースを紹介していきます。きっとあなたの家庭と似たケースもあると思います。

どのご家族も、この先に出口があるのだろうか、いつまでこんな日々が続くのだろうかと、暗いトンネルの中でつらく苦しい日々を送ってきました。しかし、一つひとつ解決法を実践していくことで、それぞれの家族にとっての幸せを見つけ出し、不登校を卒業していきました。また、実際には卒業していなくても自分たちなりの道を見つけた方々、不登校だけでなく、家族の仲も改善したという方もたくさんいます。

どんな家族でも、どんな状況でも、必ず不登校には解決の糸口があります。

ですから、たとえ今が一筋の光も見出せない状況だったとしても、未来を信じて、わが子を信じて生きていっていただきたいと思います。

この本が、あなたの家族が見つける幸せの物語の始まりになりますように。

目次 ——不登校から脱け出した家族が見つけた幸せの物語

2章

「子どもの気持ちがわからない…」その気づきこそ大事な一歩です

コミュニケーションがうまくいかないときの体験報告より

3章

「周りからのプレッシャーがつらい…」家族を味方につけるために

周囲との付き合い方に悩んだときの体験報告より

4章

「不登校のトンネルはいつまで続くの…？」

先が見えなくても、覚えておきたいこと

不安で眠れないときの体験報告より

6章 「子どもに幸せな人生を送ってほしい…」忘れないで！ 親ができるいちばん大切なこと

親が幸せになったら子どもが元気になった体験報告より

目次

カバーイラスト／江頭路子
本文デザイン／浦郷和美
本文DTP／森の印刷屋
企画協力／松尾昭仁（ネクストサービス株式会社）
編集協力／中山圭子

1 章

「育て方が悪かったの…？」

「ダメな親」なんて、いません

自分を責めてしまうときの体験報告より

不登校になったのは誰のせい？

「他の子どもはちゃんと学校へ行けるのに、どうしてうちの子だけ……」

「甘やかして育ててしまったのかしら……」

「厳しく接しすぎたのがいけなかったのか……」


お子さんが不登校になった親御さんの多くがこうした悩みにぶつかります。

そして、

「どこで育て方を間違えてしまったんだろう」「自分がダメな親だから……」

と、自分を責めてしまうのです。

不登校解決支援を始めておよそ10年。

私はこれまで18000組以上の親子を支援してきました。

でも、「ダメな親」に出会ったことは一度もありません。

いるのは、自分を「ダメな親」だと勘違いしている方だけです。

私がご縁を頂いたお母さん、お父さんは皆、お子さんや自分の人生に真剣に向き合っている素敵な人たちばかり。もちろん、あなたもその中のひとりです。

なぜ、そんなことが言えるのかって？

この本は、お子さんや自分の人生に真剣に向き合っている人しか読んでいないと思うからです。子どものことをどうでもいいと思っている人が、こんな本を手に取るでしょうか。わが子のために自分は何ができるか……、何とか力になりたい……。そう思っている人がダメ親なわけがありません。あなたがこの本を読んでいる――それこそ子どもを愛している心優しい親である何よりの証拠なのです。

毎日の暮らしの中で、真剣に向き合えばこそ、悩むこともあるでしょう。

愛情が深ければこそ、伝わらないときは余計につらいでしょう。

でも、何年か、何十年か後、成長したお子さんと笑顔でこれまでのつらかった日々を愛おしく思い出す日が必ず来ます。あなたとあなたのお子さんの不登校体験が想い出に変わる日は、必ず来るのだということを覚えておいてください。

いまは、とてもそんなふうには思えない方もいるかもしれません。でも、私が支援してきた方々もみな、そういう時期を過ごし、そして乗り越えてきました。

だから、あなたも、あなたのお子さんも大丈夫です。

この章では、子どもの不登校というつらい経験に遭遇し、つい子どもや自分自身を責めてしまうご家族へ、その対処法をお伝えしようと思います。

どんなふうに悩み、私のアドバイスを聞いてどんな心の変化が起こり、どのように実践していったのか、実際にあった例を元に紹介していきます。

きっと、あなたのお役に立つはずです。

「自分はダメな親」という自己嫌悪で苦しくなったとき…

子どもが不登校になったのは、親である自分の責任……。

そんなふうに受け止めているご両親がたくさんいます。

なかには、

「私みたいな親に育てられて可哀相……」

と自分を責めている方もいます。


中学一年の息子さんが不登校になったYさんもその一人です。

息子さんは、中学で部活に入り熱心に活動していましたが、夏休み中、お盆休暇明けから腹痛や頭痛を理由に部活を休むようになります。夏休みが終わっても二学期の始業式を休み、そこからはときどき登校はしたものの、10月頃には完全に不登校となりました。

学校へ行けなくなった当初は、部屋に閉じこもって布団をかぶり、「だれも入ってくるな！」という状況だったそうです。

学校の担任と学年主任の先生が家庭訪問をし、「何があったのか？」「何が嫌で学校に来ないのか？」と聞いても、ほぼ答えず、それでも担任に言われるがまま、何日かは学校へ行ったとのこと。あとになって考えると、それも完全な不登校へとつながる原因だったのでは……とYさんは振り返ります。

「私も夫も息子の不登校が受け入れられず、学校に行かせることだけを考えていました。息子の気持ちを考えていなかったんです」

……………

不登校になってからは、先生が来ても会わず、部屋にこもって一日中ゲームをしたりネットの動画を観たりするだけで、お風呂も入らず誰とも話さず、という日々。

Yさんが私の不登校解決のサポートを受けはじめたときは、そんな状況でした。

その後、不登校から脱け出すための方法を実践することで、息子さんも少しずつ引きこもりの状態から部屋を出てくるようになり、食事もときどきリビングで取るようになった……、そんな改善の兆しが見えはじめたときです。

「菜花先生、助けてください！」というSOSのメールが届いたのは。

「息子の不登校は、いくつものことが積み重なって心が壊れてしまったのかな、と思います。その原因の一つが私です。私は息子を自分の思い通りにし、言うことを聞かないと怒り、話もろくに聞いていなかったのかもしれません……。

私は反面教師にしようと思っていた自分の母と同じように子育てしていました。母は厳しくて言うことを聞かないと怒るので、私は自分の意見を言うこともできず、友達と出かけることもままならず、まして親に甘えるなんてことはとてもできませんでした。そんな母のようにはなるまいと生きてきたつもりでしたが、やっていることは一緒でしたね。

私みたいな親に育てられて息子は可哀相……。もう一度小さいころからやり直せないかと思ってしまいます。悔やんでも元には戻らないことはわかっているのですが……。せめて家では普通に生活し、元気になってほしいです」

自分を責めて苦しんでいるYさんに私はこう伝えました。

「あなたも息子さんも悪くありません。だれも悪くないんですよ」と。

Yさんの息子さんはいま、傷ついた心を癒やしながら、自分の将来への道を探しているのです。Yさんは、そんな息子さんに責任を感じながらも、必死に息子さんを守り勇気づけようとしているのだと思います。

Yさんは息子さんを精一杯愛したはずです。その愛が息子さんにうまく伝わらなかっただけ。きっとYさんのお母様も愛に不器用な方だったのでしょう。

人は学んでいないことはできません。きっとYさんのお母様も娘を愛していたけれど、うまく伝える術を知らなかった。ただ、それだけなのだと私は思います。

だから誰も悪くないのです。

子どもへの対応で迷ったときは、自分にこう問いかける

「やり直せるものなら子どもが小さなころからやり直したい……」

「あのとき、あの子にこう言えばよかった、ああしてあげればよかった……」

そういう後悔の気持ちがもしあるのなら、それをハッキリと胸に刻んでください。できればノートにメモしてください。

そして、もう一度子育てするのです。

あのときできなかったこと、本当はしてあげたかったこと、いまのあなたならできるはずです。その想いをこれからは子どもに伝えるのです。

子育てに手遅れはありません。

いつからだって何度だって、生きている限りやり直せます。

子育てをやり直そう。そう思えたなら、これからはあなたとお子さん、それにあなたと家族の根気の勝負です。

くじけそうになることもあるでしょう。こちらの想いがなかなか伝わらず、「やっぱり無理なんだ……」とあきらめそうになったり、「こんなことして何になるんだろう」と目標を見失いそうになることもあるかもしれません。

そんなときは、いちばん大切なものは、いつでも〝あなたとお子さんの中にある〟ということを思い出してください。

それは、

「あなたの子どもへの愛」

「子どものあなたへの信頼」

です。

あなたがお子さんを愛しているように、お子さんもあなたを愛し、信頼したいと思っています。

いまは、お互いが上手に表現できていないだけで、その二つがうまくかみ合えば、子どもは親に対して心を開き、それから自信をつけて一歩ずつ外の世界へと踏み出していくことができるようになります。

子どもへの愛を伝えて信頼を得る方法は、親であるあなたは知っているはずです。あとは、自分を信じて根気強く愛を伝え続けるだけです。

もし、どうしたらいいか迷ったときは、こう自分に問いかけてください。

「私が小さかった頃、本当はお母さん（お父さん）からどうして欲しかっただろう？」

そして勇気をもって、根気強くあなたが子どもにしてあげてください。

大丈夫、必ず伝わりますよ！　だって、お子さんはあなたの愛をいつも待ち望んでいるのですから。

あなたとご家族の明るく楽しい未来は必ず来ると信じてください。

子どもを元気で幸せにする〝考え方〟

子どもの幸せを阻むものがあるとしたら、じつはそれはたった一つだけ。
あなたが幸せを放棄していること、それだけです。

あなたはお子さんを幸せにしたいと思っているはずです。
でも、とても大切なことを忘れているのではないでしょうか。
それは、
〝他人を幸せにできるのは、いま幸せな人だけ〟
ということ。とても重要なことですから、よく覚えておいてください。
あなたがいま、幸せでなければ、お子さんを幸せにすることなどできません。

あなたは、いま幸せですか？

お子さんを幸せにしたいのなら、あなたがまず幸せになってください。

それがお子さんを幸せにする一番確実な方法です。

ですから、**どうかご自分を責めないでください。**

実は、この〝自分を責める〟という行為こそ、事態を悪くしているものなので
す。というのも、**あなたが自分を責めると、お子さんもつらくなります。苦しむ親を見るのはつらいのです。**お子さんは誰よりもあなたを愛しているのですから。


悪いのはあなたではなく、「誰かのせい」、「自分のせい」というその考え方。

「考え方」がほんの少し間違っていただけなのです。

いまから考え方を変えてしまいましょう。

「誰もが正しい」と。誰もが精一杯、良かれと思ってやっているのです。

あなたも、いまこの瞬間から考え方を変えてみてください。

あなたが自分を責めれば、お子さんも自分を責め、元気をなくします。

あなたが自分を責めるのを止めれば、お子さんは元気になります。

あなたが自分の幸せを求め、笑顔になればお子さんは元気になるのです。

あなたはいままで自分を責めながら、それでも一生懸命お子さんを癒やすためにがんばってきたのだと思います。今度はあなたが癒やされる番です。あなたが心と身体を癒やし笑顔になって、その元気をお子さんとご家族に分けてあげてください。


大切なのは親であるあなた自身がいつも幸せな気持ちでいること。

そして、その姿をお子さんに見せることです。

「うちの子、どうしよう？」

そう考える前に、

「どうすればわたし自身が幸せな気持ちでいられるか？」

こう考えるようにしてみてください。

親が苦しまない、それが解決への近道

自分を責めるのをやめて幸せでいられる方法に意識を向けられるようにすると、どんなことが起こるのでしょうか。

よく聞こえてくるのは、〝本当の原因が見えて、前向きに対処できた〟という声。私の元に届くさまざまな報告のなかから代表的なものをご紹介しましょう。

……………

Eさんは、息子さんが中二から高校卒業まで、娘さんは中一から中二までの2年間、不登校を経験しました。

「毎日、私の不安を息子にぶつけてしまい、つらい思いをしている息子の傷口に塩をぬるようなことばかりしていました。あのころは必死でしたが報われず、毎日泣いてばかりいたような気がします。先が見えないトンネルのなかで家族みながもがいていました」

そう振り返り、その後、私の本と出合ったときのことをこう語ってくださいました。

「それまでは不登校についての本を読むたびに責められているような気がして、苦しくなるばかりでした。菜花先生の本に出合い、〝あなたは悪くない〟という言葉を受け取って、初めて心がホッとしました。不思議ですが、そう言ってもらえたことで責められていたときには素直に認められなかったけれど、やっぱり私に原因があったのでは……と冷静に振り返ることができたんです」

その結果、落ち着いて自分と向き合うことで、Eさんは、

「いつも先回りしてやってしまう自分」

「子どもの意見を聞くのを待てず、自分の意見を言ってしまう自分」

に気づきます。

Eさんの気づきによって子どもたちへの対応が変わると、子どもたちに自主的

に動こうという変化が見えはじめました。それからは、暗いトンネルの先に見えた出口の光へと進むように、物事がいい方向へと向かいはじめたそうです。

「子どもってすごい力をもっているのですね。親は勝手に不安になっているだけだと気づきました。子どもの持つ力を信じることが大切なのだとよくわかりました」

……………………

1年後、娘さんは公立高校へ転校し、初めのうちは体力的にきつくて週に一度自主的にお休みしていた学校も、いまは毎日元気に楽しく通っているそうです。

息子さんは通信制の高校を無事卒業し、

「アルバイトをしながら自分と向き合う時間を持ちたい。いじめの後遺症にはカウンセリングを受けて向き合いたい」

……………………

と自分から今後の希望を伝えてきたそうです。まだ大学へ進むとは決めてはいないものの、塾にも通い、将来の可能性を模索しているとのこと。

そんな子どもたちを見守りながら、Eさん自身も自分が日々の生活を楽しむことに気持ちを向けていくようにしているそうです。

「親自身が幸せになって、人生を楽しんでいるところを見せることが大切だなんて思いもしませんでした。子どもが苦しんでいるのに……という罪悪感でいっぱいでしたが、その気持ちが子どもを苦しめていたんですね。先生の本に出合えたことで、そのことに気づけて本当によかった。ついつい言葉や行動が先に出てしまうので、これからも努力して親子ともに幸せになりたいです」

Eさんの言葉に、私も胸が熱くなりました。

「いま初めて不登校に向き合ったあのころの自分に会えるなら、こう伝えてあげたい。焦らないで、幸せになっていいんだよ、それが不登校解決の近道なんだよって」

Eさんの想いをたくさんの方に届けたい、そう思います。

また、小学校の四年生頃から約3年間、同じ子に毎日言葉でのいじめにあっていたと、息子さんが中学生になってから話してくれたというKさん。

「中学は学区外の中学校に通うことで、生活を一転させました。休みながらもがんばって通学していましたが、中学二年の夏休み2日前から休みだし、冬休み直前まで、たまに行くという生活でした。

『明日は行く、絶対に……』その言葉が何度も繰り返され、朝になっても、ベッドから出ることなく……。無理に起こそうとする私と言い争いで午前中過ごす日々でした。行けない自分にイライラして、休んだら昼食も食べず、部屋から出てきません。20時頃になって、やっと部屋から出てきて、また口論です。息子はイライラを私にぶつけて……。私はサンドバック状態でした。

私も疲れ切って、逃げ出したい気持ちで日々過ごしていました。わが子がこんなに、憎いと思えるなんて信じられませんでした。私は鬼？ 鬱状態でトンネルを抜けられない日々でした。今年になって、考えを変えようと努力しています。高校に行きたくなければ、行かなくて良い、学校に行きたくなければ休めば良い。長い人生の一部分、いまは休養が必要なんだと……。

将来、将来と心配しても、どうなるかはわかりません。いま休養して、いつか気がついて歩き出すためのお休みだと思っています。

最近では少しずつ会話も増えて、息子の笑顔が出てきました。

言い争いをした後、息子『イライラするー』

『母さんもイライラするー』息子『どうしてこうイライラするんかね』

『反抗期だからよ』息子『母さんも反抗期？』

『母さんは更年期』

息子『反抗期と更年期一緒に来なければ良かったのにね。お互いぶつかることが少なかっただろうに』

こんな爆笑会話ができるようになりました！

こんな会話ができるだけ良いのかな？って、最近思えるようになって……。学校に行かせることだけ考えて、追い詰めていたのかもしれません」


Yさんも、まず自分の考え方を変えてキラキラ輝く人生を取り戻したひとり。

「中学の3年間不登校になり、高校へ進学したものの中退をして、現在に至ります。同級生は今春から大学や専門学校に進学する中、自分自身を見つめ直す機会があったようで、自分は高卒認定試験を受けると目標を決めたようです。

不登校の時期を思い返すと何てことはなかったのかな……と最近思えるようになりました。

学校に行くのが当たり前。

高校に行くのが当たり前。

大学に行って就職するのが当たり前。

だと思っていた自分の中の当たり前をなくせることができたからだと思います。普通のことが何でできないの？　学校に行くのが何でできないの？　という思いがなくなっただけで、全てが楽になりました。いまは、娘が元気に前を向いて生きていることを誇りに思います。生きる力はついていたようです。

私も新たに心理学を勉強して自分と同じ思いの方達が相談できるサロンを開業したい！　という夢も見つかりました。不登校だったことを暗い過去にはせず、不登校だったからこんなステキな人生を送れた！　と思えるように、これからも前に進んで行きます。

ちなみに、19歳になる娘もいまは自分のやりたいことを見つけて、親元を離れて元気でがんばっています。あんなに人と接したくないと言っていたのに、舞台女優を目指しています。

人って変われるものですね。いま、悩んでいる方達もキラキラ輝く人生が待っています！　私が経験者です！」

いまからでも大丈夫。遅すぎることはありません。

お子さんは立ち直って、必ず元気になります。

2章

「子どもの気持ちがわからない…」

その気づきこそ
大事な一歩です

コミュニケーションがうまくいかないときの体験報告より

子どもが親に悩みごとを話さない、3つの理由

子どもが学校へ行けなくなったとき、親は友人関係の悩み、勉強がわからないなどの不安、いじめ、体罰などなど、自分の目の届かないところで、子どもが出合うさまざまな問題を想像して不安になることと思います。

「学校でいったい何があったのか？」

「なぜ、学校に行かないのか？　理由はなんなのか？」

親がいちばん気になることですが、

「子どもに聞いても理由を言いません。行きたくないの一点張りで……」

ということがよくあります。

また、話してくれたとしても、ずいぶん前からトラブルに悩んでいたことが初

めてわかって驚くことも。

「こんなにこじれる前に話してくれたらよかったのに……」と親は子どものSOSのサインに気づけなかったことを後悔しつつも、悩みを話してくれない子どもを恨めしく思うこともあるでしょう。

お子さんが何も話してくれない理由は、この3つしかありません。

①心配かけたくない（親が動揺したり、余計悩んでしまったりするから）
②批判される（聴いてもらえない、説教されるから）
③自分でもよくわからない（つらくて苦しいけど言葉でうまく表現できないから）

お気づきですか？　話さない、のではなく、「心配をかけたくないから」「批判されてしまうから」「自分でもよくわからないから」話せないのです。本章では、子どもの気持ちがわからなくなったときのことを取り上げていきたいと思います。

心の扉を閉ざす子どもに親ができること

「小さなころは何でも話してくれたのに……」

そんな声をよく聞きますが、小学校高学年から中学生以降の思春期に、親との会話が減っていくのは発達の過程で健全なことです。

また、もともと口数の少ないタイプの子どももいるでしょう。

ただ、そこに不登校という問題がかかわってくると、学校での様子、子どもの気持ちなど、状況がわからない分だけ、親の心配は倍増してしまいます。

中一から不登校になった息子さんをもつSさんも「息子が話をしてくれない」ことに戸惑いながら、支えようと奮闘している父親の一人です。

息子さんは、小六のころ学校へ行けずに保健室登校をしていた時期がありましたが、担任の先生の柔軟な対処で徐々にクラスに戻り、無事に卒業。

中学では剣道部に入り、夏休みも部活に行っていたのですが、8月に入ると行かなくなり、休み中の登校日もその日に提出する宿題が中途半端だったためか欠席。二学期がはじまってから学校へ行こうとしなくなりました。

不登校当初は、休みの日に友達と遊びに行ったり、父親のSさんと買い物に行ったりしていたのが、しだいに家からまったく出ず、夜遅くまでゲームやパソコンに向かうだけで、担任の先生やソーシャルワーカーの先生が定期的に家に来てもまったく会おうとしません。


…………………


「話しかけても何も話さないので、何があったのか、なぜやる気がなくなってしまったのか、どうしたいのかもわかりません……」

もともと息子さんは、おしゃべりな子どもではなく、学校であったことや悩みなどをほとんど話したことがなかったそうです。学校の成績はよく、身の回りのことも自分でできて、親からすると手のかからない子どもでした。

ただ、何か悪いことをして怒られても、納得できなければ絶対に謝らない頑固な部分があったそうです。

「いま思えば、神経質で傷つきやすい部分はありました。もっと彼の話を聞いて楽しく毎日をすごさせてあげていれば……」

…………

そう後悔するSさんは、学校に行けない間、少しでも自分が役に立てればと、「毎日10分でいいから一緒に勉強しようか」と誘ってみたところ、息子さんは頭を抱え、自分の髪を引っ張るパニック状態になってしまいました。

家族と話をしない息子さんですが、飼っている柴犬のそばでゲームをしていることが多かったので、Sさんが『犬の気持ちがわかる本』という本を渡したところ、犬のそばで読んでいたそうです。

「話をしてくれないので、たまに手紙を書いています。毎朝会社に行く前には、ポストイットに一言書いて置いていきます」

…………

Sさんなりにできることを日々実践しています。

「好きな教科の勉強ができるようにしてあげたい」

「学校で友だちと交流しながら、人とのつながりの大切さを学ばせてあげたい」

そんな思いから、具体的にどうしたらよいのか、アドバイスを私に求めてこられました。私はSさんに、次のことをお願いしました。


「息子さんを変えようとしないでください」


Sさんが息子さんに「してあげたいこと」は、親の立場から見たら当然のことかもしれません。でも、息子さんの立場で考えてみてください。

息子さんはいま、「勉強」を求めているでしょうか？「人とのコミュニケーションやつながり」を求めているでしょうか？

おそらく求めていないと思います。

自分の髪を引っ張るようなパニック状態になるのは、「自己否定」と「逃げ出したい衝動」のあらわれです。愛犬のそばにいるのは、愛犬は息子さんを変えようとしたり、否定したりせず、ただそっと寄り添い、愛情を示してくれるからです。

Sさんの息子さんがいま求めていること、それは、〝傷つけられず、変えようとされず、強制されず、静かに心を休めることができる場所と時間〟です。

ですから、学校に行こうとしないことも、自分から話そうとしないことも、勉強しないことも、まずはそのまま受け入れることが必要なのです。

そのために、必要な具体的なことを次のページから説明していきましょう。

学校へ行けない理由を聞き出すよりも大事なことがあります

「なぜ学校に行けないの？」

子どもが学校に行かなくなったとき、多くの親御さんがまず抱く疑問です。

学校は楽しいところ、という認識しかない方なら子どもの行動は理解できないでしょう。

「学校に行けば友達だっているし、いろんなことが学べるのに！」

「以前は部活も勉強もがんばってたじゃない！」

そんなふうに思うかもしれません。

学校に行けない理由は単純です。

- つらいからです
- 苦しいからです
- 怖いからです

つらいこと、苦しいこと、怖いことが何なのかは、子どもによってさまざまです。友達関係で悩みがある、いじめられている、先生が怖い、部活の練習がつらい、クラスの雰囲気が合わず居場所がない……など。

子どもが「学校へ行きたくない」と言うと、親は原因を知ることが不登校解決のいちばん大事なこと、と考えることが多いものです。そのため、「なぜ行けないのか」、「原因は何なのか」を子どもから聞き出そうとしてしまいます。

でも、**実は、その前にするべき、もっと大事なことがあります。**

それは、

「つらいこと、苦しいこと、怖いことがあったのに、がんばって学校に行っていたんだね！　よくがんばったね！」

そう言ってこれまでのお子さんのがんばりを認めてあげることです。

学校に行けなくなるというのは、どれくらいつらくて苦しくて怖いかというと、「耐えられないほど」です。

それでもおそらくお子さんは、がんばって、がんばって、がんばって、学校へ行っていました。行こうとしてきました。

そして力尽きたのです。

「もう、心も身体も動かない……」というのが、いまの状況です。

それでもまだ「学校へ行って欲しい」と言えるでしょうか？

お子さんだって本当は学校へ行きたいのです。

将来のために学校が大切なことはお子さんだって十分すぎるくらいわかっています。お母さん、お父さんに笑顔でいてほしいから、自分ではどうにもならなくなるまでがんばったのです。そして動けなくなってしまった……。それが「学校へ行けない」という現象となって表れたのです。

そんなお子さんに必要なものは何でしょうか？

もうおわかりですね。

いま、お子さんに必要なのは、安心できる場所で〝心の休息と充電〟をすることです。

学校へ行けない理由を子どもが話してくれてもくれなくても、

「そうか、学校に行けなくなるくらい大変なことがあったんだね。よくがんばっていままで学校に行っていたね。えらかった！」

そういって、子どものこれまでの努力とがんばりを、いちばん身近な存在であるあなたが認めてあげてください。

そして、家の中を〝安心して元気になれる場所〟にしてあげること。

まずは、ここからはじめてください。

それって「放っておけない症候群」かも？

何も話そうとしない息子さんへのSさんの対応として、私は、

「息子さんを放っておきましょう」

とアドバイスしました。

実は、不登校のお子さんをもつご両親に多いのが、「放っておけない症候群」です。

「子どもが私を避けるようになってしまって話もできないんです……」

「つい余計なことを言って子どもを怒らせてしまうんです……」

そんなふうに感じているあなたも、もしかすると「放っておけない症候群」かもしれません。

不登校に関するご相談に対して、私が差し上げるアドバイスの第1位は、「そんなときは放っておきましょう！」です。

こう言うと、誤解する人がいるのですが、

「放っておく＝何もしない＝無関心」ではありません。

放っておくというのは、次のことを指します。

①子どもの言動に一喜一憂するのはやめて、
②親自身がいつも笑顔でいられるように心身を健全に保ち、
③子どもを批判するのではなく、
④全力で応援し（応援とは、成功しても失敗しても努力をたたえること）、
⑤子どもに幸せの手本を示すこと（あるいは、成長の手本を示すこと）

この5つを忘れずに日々努力し続けることです。

大変なことですが、これが親子で笑顔になるための近道であり、王道です。

この5つを読んで、特にはじめの①、②について疑問に思う方が多いようです。「なぜ、助けが必要な子どもを放っておいて、親の心身の状態について言うのだろう？」と。

確かに、お子さんには助けが必要です。しかし、それはお子さん自身が助けを求めているときの話。

お子さんには、助けが欲しいときもあれば、そっとしておいて欲しいときもあるのです。お子さんがそっとしておいて欲しいとき、あなたが「助け」を押しつけても、お子さんとの信頼関係が失われるだけです。

また、お子さんが助けを求めても、あなた自身が不安でいっぱいでお子さんの悩みを落ち着いて聴ける心の状態でなければ、逆にもっとお子さんを不安にさせてしまうことにもなります。

さらには、あなたに心配をかけた責任を感じ、お子さんが自分を責めてしまうことにもなります。お子さんはあなたを愛していますから、大切な人を悲しませてしまう自分に非があると思ってしまうのです。

同じ理由で、お子さんがあなたの助けが必要なときでも、あなたに元気がないと、愛するあなたに遠慮して助けを求めるのをためらうことになります。

ですから、

〝余計なことはせず、我慢して見守ること〟
〝助けが必要になったら、すぐ手を差し伸べられるよう心身を健全に保つこと〟

これが大切なのです。

「放っておく」というのは、そういうことです。

心の扉を開く、きっかけのつくり方

「放っておくこと」と無関心は違いますから、子どもが話さないからといってこちらも話しかけてはいけないというわけでは、もちろんありません。

むしろ、「応援しているよ」、「何かあったらいつでも相談に乗るよ」という親の気持ちを伝えることは積極的にしたほうがいいでしょう。

コツは、子どもの負担にならないように関わりながら、話しやすいきっかけはこちらでつくってあげること。

おすすめの方法をご紹介しましょう。

■「今日も天気がいいね！」などの他愛のない話題で話しかける

「おはよう」「おやすみ」などのあいさつと一緒に、季節や楽しいニュースなど、ちょっとした話題をつけ加えてみてください。言葉によるスキンシップになります。

■「最近○○はどう？」などお子さんが興味のある話題で話しかける

好きな漫画やアイドル、ゲームの話でもかまいません。

子どもがあなたと話したいと思うようになるには、あなたの心に聴く余裕があること、それを伝えることが大切なので、話題はなんでもいいのです。

■「つらそうに見えるけど何かあったの？」などお子さんの「心」を気遣う

子どもの変化に気づいて声をかけることで、「ちゃんと見てくれているんだな」という信頼感が子どもに芽生えます。

■「お母さんもむかし〜でね」など、自分の失敗談を話題にする親自身の経験を話すことで、「お父さん、お母さんも同じような失敗を経験してきて、それでも大人になって幸せになれるんだな」と、子どもは安心することができます。

ちょっとしたことですが、子どもと話さない期間が長く続いた人には、難しく感じるかもしれません。そんなときは、あいさつなど、できることからはじめてください。

ゆっくり話を聞くことがきっかけでUさんの娘さんは、自分から学校へ行き始めました。

「このまま学校に行けなくなったらどうしよう。将来はもうないかもしれない……など、いろんなことを考えながら、仕事も手につかないような状況でした。そんな中、冊子を励みにがんばってきたのですが、なんと、今日娘は一人で起床し、学校に行ったのです！

春休み中にもう一度娘とゆっくり会話をしたところ、娘の本当の悩みを聞くことができたのです。学校に行けなくなった理由は、同学年の女生徒の中に怖い子がいて、陰口を言われたことがきっかけだったようです。

親ばかかもしれませんが、娘はいい子です。思いもよらなかった出来事に戸惑い、どうしたらいいのかわからなかったのかもしれません。その原因を聞き、2つの選択を話しました。

①自分自身が強くなること

②転校すること

転校も一瞬考えていましたが、娘は自分自身が強くなることを選択したようです」

子どもが元気（エネルギー）を充電できる確実な方法

子どもが生まれたとき、親は「無事に生まれてくれた」ということに、ただただ感謝します。寝返りができた、たっちができた、歩いた、トイレでうんちができた、という子どもの成長を、「すごいね！」「がんばったね！」とたくさんほめてあげたことでしょう。

けれども、大きくなるにつれて「生きて成長していくこと」があたり前になり、「命そのもの」をほめてあげる機会がなくなっていきます。

私たち大人は、人をほめるとき、つい結果をほめてしまいがちです。でも、「結果」は「その人自身」ではありません。

たとえ、あなたから見れば全然がんばっているように見えなくても、お子さんはお子さんなりに、いま精いっぱいがんばっているのです。

ですから、お子さんをほめるときは、その行動をほめてあげてください。
お子さんのがんばりをほめてあげてください。
お子さんの命をほめてあげてください。
お子さんがいま生きていることをたくさんほめてあげてください。

親は伝えているつもりでも、伝わっていないこともあります。例えば娘さんが不登校になったMさんです。

「娘と息子がいます。息子は生まれつき心臓病があり、娘はきっと我慢の毎日だったんですね。

娘が3歳のときに息子が生まれ、一年間は入退院の繰り返し。私は付き添いをしてたので、娘は母親から離された状態だったんです。

わかってはいたものの、大人は息子を大事にするあまり娘をちゃんと見てなかったんですよね。見てるつもりだったんだけど……。娘に『私はいらない子供だから。○○（弟）だけが可愛いんでしょ』と言われました。根本的な部分はそれだったんですよね〜。

娘に、いままでがんばってくれたことに感謝し我慢をさせてたことを謝り、娘が生まれたときの話、どんなに皆が楽しみにし、娘を大切にしてるかを話しました。

それからかな、表情も明るくなり頑なに閉ざしていた心を開き出したのは。いまだに息子をひがんだりしますが、そんなときはすぐにフォローするよう心掛けています。まだまだこれからも同じようなことがあるかもしれませんが、そのときにできることを一生懸命しようと思っています」

声をかけるときは、**「がんばれ！」よりも「がんばったね！」を使うのがおすすめです。**

「がんばれ！」には、「いまはがんばっていないだろう」「もっとがんばれるはずだ」という意味も含まれているので、「がんばったね！」とその行動をほめる言葉のほうが、言うのも言われるのも私は好きです。

言葉によるスキンシップはもちろん、実際に子どもに触れることも、とても効果的に愛とエネルギーを伝える方法です。

今日から少しだけ、お子さんに触れる機会を増やしてみてください。

小さいお子さんなら、ギュッと抱きしめてあげるとよいでしょう。寝ているときに頭や体をなでてやってもいいですね。ほっぺを寄せてみるのもおすすめです。

大きいお子さんなら、話しかけるときに、肩や腕に触るのもよいかもしれません。「がんばったね！」と言いながら、手をにぎってあげてもいいでしょう。

最初は気味悪がられるかもしれませんが、そのうち慣れるので大丈夫、続けてください。

なによりも、最初にあなた自身が自分と子どもの中に眠っている、愛とエネルギーを感じるはずです。

お子さんのさみしさを埋められるのはおかあさんの愛。Oさんもその一人です。

「中一の娘は、9月から不登校になり、年明けの1月にはすこし行けるようになりましたが、担任でない先生からの否定的な言葉や心ない男子の言葉にまた傷ついて、月の半分行くのがやっとでした。

ときにはこのままもう難しいのではないかと思っては、泣いていた頃がありました。親子でずいぶん泣きました。

春休みには桜が咲いたので、2箇所くらいお花見に行きました。そんなときです。『いて欲しいときにいつも親がいなかった。小学校高学年の頃、一人で泣いている日があった』と泣きながら話してくれました。娘は一人でがんばってきたのでしょうね。

考えてみれば、娘は、兄二人がいるのと私も仕事があるので、留守番していることが多かったです。友達と元気に遊んでいたので安心していたのですが、寂しかったのでしょうね。いまはそれを埋めるように、母娘で出かけています」

子どもの欠点探しはいますぐやめてください

子どもが閉ざしていた心の扉を開き、話しはじめるようになるのは、「この人なら攻撃せずに受け入れてくれる」という手ごたえを感じたときです。それは、「自分は話を聞いて大切にしてもらえる存在なんだ」という自己重要感を感じられたときでもあります。

親にしてみれば、子どもを大切に思う気持ちはあたり前なので、伝わっていると思いがちですが、表現する手段が間違っていると、子どもは「大切にされていない」「自分には価値がない」と誤解して、自信を失ってしまうのです。

親がよかれと思って子どもにしていることで、自信を失わせていることは意外と多いもの。

特に、子どもの弱い部分、苦手なところを直そうとする、というのはその最たるものです。

不登校の原因を探すとき、子どもの性格に原因があるのではないかと思い、「頑固なところがある」「繊細すぎる」「自己主張が強い」など、お子さんの性格の欠点探しをしてしまいがちです。

しかし、そうした性質には良い面も悪い面も両方あります。お子さんの性格にも長所と短所の両方があります。

よい部分には目を向けず、弱い部分、苦手な部分ばかり目を向けて、そこを直そう直そうとすると、どうなると思いますか。

子どもは自信を失ってしまうのです。特に、15歳以下の子どもに対して、苦手を直そうとするのは逆効果です。

お子さんができないことの原因探しをするのは、いますぐやめてください。

あなたのすべきことは、お子さんの良い部分を伸ばし、新しい可能性を見つけてあげることです。

お子さんのできること、お子さんの良い部分、お子さんの好きなこと、それだけに、ご両親の意識を向けてください。そして、まだ気がついていない良い部分、できること、好きなことを発見してあげてください。

子どもが「自分は大切にされる価値のある存在なんだ」と自信をもつために、まずは親であるあなたが、子どもの良い部分にだけ意識を向けてください。

そして、ぜひ、それをお子さんに言葉にして伝えてあげてください。

もし、

- どうしていいかわからない……
- 具体的に何をすればいいのか思い浮かばない……
- 自信がない、怖い……

そんなときは、お子さんが小さかった頃のことを思い出してください。アルバムや日記を引っ張り出して想い出に浸ってください。

お子さんへの「声がけ5つのポイント」

〝子どもになんて声がけすればいいの？〟と迷うとき、ありますよね？　そんなとき、何をどう言えばいいか目安になる5つのポイントがあります。

声がけ5つのポイント

①どんな不安に対して（お子さんが感じている不安や悩み）
②何を目指して（お子さんはどうなりたいのか、お子さんにどうなって欲しいのか）
③どんな姿勢で（自信を持って言えるのか）
④何を根拠に（体験や証拠はあるのか）

⑤何を言うのか？（お子さんに理解できる言葉か）

ひと言で言うなら、

「お子さんの不安を理解し、お子さんの将来をイメージし、自信を持って伝える」ということです。

実はこの中で最も大切なのは、③どんな姿勢で（自信を持って言えるのか）。

どれくらい大切かというと、③どんな姿勢で（自信を持って言えるのか）が96％で、それ以外がそれぞれ1％。それくらい大切です。

なぜなら、不安な気持ちでは何を言っても、「不安」しか伝わらないから。

大切なのは、「確信」をもって言うこと。「必ずお母さん（お父さん）の言ったとおりになるよ！」と伝えることです。それさえできれば、お子さんの不安はなくなり、安心して行動できるようになるのです。

あなたが普段、お子さんへ言葉や態度で伝えているのは、不安ですか？

それとも確信ですか？

キレられるほめ方、やる気を引き出すほめ方

「お子さんの良い部分に目を向けてほめてあげてください」

そう伝えると、

「ゲームばかりしているので、子どもをうまくほめられない」

「ほめても全然喜ばない」

「ほめたらキレられた……」

こんな声が返ってくることがよくあります。

「子どもをうまくほめられない」というのは、多くの親御さんが持つ悩みです。

たしかに、ほめる＝認めることは簡単ではありません。

言葉やタイミングを間違えれば、お子さんが喜ばないどころか、怒り出すこと

さえあるでしょう。実は、ほめる＝認めるには3つ条件があります。

✿上手なほめ方3カ条

①子どもがほめて（認めて）欲しいことをほめる（認める）
②子どもがほめて（認めて）欲しいときにほめる（認める）
③親自身が自信を持っていることに関してほめる（認める）

一つずつ詳しく説明していきましょう。

①子どもがほめて欲しいことをほめる

お子さんを理解せず、的はずれな言葉をかければ、お子さんは「全然わかってない！」と失望するでしょう。

普段からお子さんの話をよく聴いて、お子さんがどこをほめてほしいのか、何を大切にしているのか知っておく必要があるのです。

②子どもがほめて欲しいときにほめる

「子どもをほめなくてはと思うのですが、ゲームばかり、ネットばかり、昼夜逆転……。どうしてもほめることが見つかりません」

そんなときは、無理にほめるのは止めましょう。

なぜなら、本心からほめていなければお子さんに全部バレてしまうからです。お子さんが落ち込んでいるときや、ひどく疲れているときもほめるタイミングではありません。そんなときにほめられてもこれまた「全然わかってない！」とお子さんからの信用をなくします。

お子さんをほめるタイミングは、お子さんがわずかでも希望を持ったときや、お子さん自身が自分を認めているとき、元気なとき、その瞬間です。だからこそ、お子さんをよく観て、お子さんのいまの状態を知る必要があるのです。

③親自身が自信を持っていることに関してほめる

お子さんをほめる、認める場合、親自身がその事柄に関して自信を持っているのが理想です。

なぜなら、お子さんからすれば、「自信も実績もない人から認められてもなんの保証にもならない」からです。

お子さんをほめる、認めるなら、少なくともお子さんよりはできる、自信がある事柄に対してほめるようにしましょう。

つまり、お子さんを上手にほめるには、

①お子さんの話を聴いたり、

②お子さんを観察したり、

③自分自身の言動に自信がある、

そんな心の余裕が必要なのです。

あなたには心の余裕、ありますか？

子どもが安心して話せる「聴き方」があります

子どもが話しはじめたとき、覚えておいてほしいことがあります。

それは、「聴く」ことに徹すること。

意見や批判、アドバイスはせず、しっかり聴いてあげてください。

さらに、息子が話をしてくれないと相談された前述のSさんには、

「息子さんの寂しさ、苦しさ不安に共感してあげてください。息子さんはいま、人生最大の挫折を体験し、どん底にいます。その気持ちを思いやってください」

そう伝えました。


聴くことに徹するということは、攻撃しない、ということです。

親はよかれと思って、ついアドバイスをしてしまいますが、それは子どもにとっては、自分の悪い部分を責められているのと同じことなのです。

つまり、聴く＝癒やし、説教＝攻撃です。

ですから、子どもが話しやすくなる聴き方として、

- 意見しない
- 批判しない
- 説教しない（アドバイスしない）
- お子さんの気持ち・感情を理解し、思いやる

特に、この4つは忘れずに必ず実践して聴いてください。

「死んでしまいたい」など、ネガティブな言葉への答え方

「僕なんて、いてもいなくてもいい存在なんだ」

「もう十分生きた。早く寿命がくればいいのに……」

やっと話しはじめたと思ったら、子どもの口からびっくりするような言葉が飛び出すことがあります。

そんなとき、どうこたえてよいかわからず悩む人も多いかもしれません。息子さんのネガティブな言葉に悩むSさんもそのひとり。

「うちの子（中二男子）は、不登校になって4カ月です。おとなしく、人と話すのが苦手、目立つことも嫌いです。何か言われる（悪口ほどでなくても）のも嫌いです。

小学生の頃からサッカーをやっていて、当時、父親がチームのコーチをしていました。かなりの鬼コーチで、試合に負けた後、みんなの前で『お前のせいで負けた！』と息子に言ったことも。十分にがんばっている息子にほめることはなく、『もっとがんばれ』という態度だったと思います。

中学生になり、最初はよかった成績もどんどん下がっていきました。友達は不良グループで、学校帰りに寄り道をして遅くなったり、部活でふざけて怒られたり、喫煙で学校に親が呼び出されたり……。

私も怒ってばかりでした。さんざん叱って追い詰めて、息子が言ったのは、

『もうどうなってもいい』

『死んだほうがいい』

『こんな家に生まれてこなければよかった』

等々……。勉強もサッカーも学校も家もすべて嫌だったんだと思います」

Sさんの息子さんは、中二の二学期から休みがちになり、友達（不良グループ）からの悪口、仲間はずれにより、11月から不登校になりました。それでも最

初の1カ月くらいは、なんとか行かせようとしたSさんでしたが、行かせても戻って来てしまうとのこと。また、スクールカウンセラーからの「行けないことを責めてはいけない。行きなさいと命令してもいけない」とのアドバイスもあり、そういうことも言わないようにしました。

部活の顧問の先生と話をして、先生と部活の友達から電話で誘ってもらって、部活に行けるときもあります。

担任の女の先生は、「待ってるよ」という姿勢で、週に1回ほど家に来てくれるそうで、息子さんも多少嫌な様子は見せつつも、毎回会って話をしたり先生の時間があるときは、英語を教えてもらっているそうです。

「家では、お昼頃起きて、録画していたテレビ番組(ドラマやバラエティー)を見たり、ゲームをしたり……。家族とは一緒にテレビも見て笑うし、弟とゲームして遊ぶし、日常会話もします。ただ、父とは話しません。父親は、息子との会話(!?)は説教だけだったので、どう接したらいいのかわからないようです。責めないでとお願いしたので、いまは何も言いません。私も明るくするよう

にしています。不登校になる前の怒ってばかりいた頃よりはるかに平和です。

でも学校には行けないのです。学校のこと、部活のこと、いっさい話題にしてません。本人がどうしたいのか、聞きたいけど、怖くて聞けません。

息子が言った数々の言葉をまた聞くのが怖いんです。私は、どう声をかければいいのでしょうか?」


また、小四から不登校が始まり、現在中三の娘さんがいるAさんのようなケースも。


「きっかけは全校生徒の前での応援演説をすることでした。緊張と不安で登校を渋り、全く行けなくなってからはうつ状態で身の回りのこともほとんど無気力に。『死にたい。なぜ私を産んだの?』と言い、もう先が真っ暗に…。

妹の小学校入学をきっかけに私と保健室登校、慣れたら私が車で待ってるという感じで登校。でも友達との関係がしっくりいかなかったり、いつも何かするときは漠然と不安感で一杯になっていたようです。

教室に入っても途中でイライラしたり逃げ出したい気持ちになったり。そんな自分の気持ちを上手く伝えられず、なかなか周りにもわかってもらえず…。半日登校、一時間登校、放課後登校、行事だけ登校など中三までどうにかきました。

進学は本人が通信制に行くと言うので受験することに決めました。ですが…また漠然と不安にかられモヤモヤすると言い始め、最後には『行けない』と前に進めない状態に。高校にも行けず、働きにも行けない。生きてるのがつらい。後何十年も生きなくてはならないと思うと死にたいと話します。

心療内科に相談したところ、娘は広汎性発達障害だと。初めて知りました。普通に生活していくのは困難なのでは？　本人には伝えた方が生きやすいのだろうか？　どうにもならないのか？　とても不安です。

娘は集団行事などが保育所の頃から嫌だったところがありましたが、とても良い子でした。初めての子だったことと同居中の姑、小姑とのストレスから私がとても厳しく育ててしまいました。無償の愛を知らずに育ってしまいました。

自分を理解してくれない先生に何も言えなかったり、男性教師は特に拒否したり、久しぶりに友達に会うときもすごく不安になったり長時間の講義や説明会・テストなどは所要時間や何をするか？　などすごく気にします。

自分のすごくしたいことでも前日から緊張したり、当日取り止めたりしてしまいます。私は『大丈夫だよ』と言うことしかできません。

娘は一生不安に押し潰されながら生活していかなくてはならないのでしょうか？」


「いなくなりたい」「死んでしまいたい」などの言葉は、

「このつらさをわかってほしい」

「本当の気持ちに気づいてほしい」

というお子さんからのメッセージです。

ですから、次のように受け止めながら聴いてあげてください。

■子どもの発言を否定しない

「そんなふうに思っているんだね……」など、そのまま受け取ってあげる（そんなこと言わないで・がんばって・大丈夫、などの言葉は言わない）。

■そう思う理由を聴いてあげる

「どうしてそう思うの？」「何かつらいことがあるの？」と尋ねる。

■（もし、あれば）同じような体験を話してあげる

「お母さんもあなたと同じ年のころ、そう思ったことがあるんだ。というのはね……」と親の経験したこと、そのときの気持ちなどを話してあげる。

■もし病名を言われてもとらわれない

Aさんのケースのように、病名を言われても病名に気を取られないでください。

多くの場合、子どもの精神的状態は一時的なものに過ぎません。病名について、

あなたが勉強するのはかまいませんが、娘さんを病名の色眼鏡で見ないでください。娘さんは娘さんです。

もし、ネガティブなことを言われてびっくりしてうまく反応できなかったとしても、

「この前、あんなこと言ってたけど、何かつらいことがあるの？」

と落ち着いたときに話をふってみてもいいでしょう。

お子さんが話に乗ってくるようなら、どうしてそう思うのか理由を聴いてあげてください。

話したがらなければ別の機会にしましょう。

大切なのは、「いつでもあなたを受け入れるよ」、「大切に思っているよ」、「あなたは幸せに生きる価値のある存在なんだよ」というメッセージを子どもに伝え続けることです。

こちらから話をしたいときは、「時・場所・手段」を選ぶ

こちらから子どもに伝えたいことを切り出したいときもあるでしょう。
お子さんと話すとき、覚えておきたい対応のポイントが3つあります。

■ゲームなどをしながら話さない

ゲームをしているとき、漫画や動画を見ているときなどは、子どもはこちらの話を聞いていないので無意味です。

「ちょっと話していい？」と聞いて、ゲームなどやっていることを止めないなら、「また後にするね」と伝えるか、場所を変える提案をしましょう。

■じっくり話すときは場所を変える

「ちょっと相談があるんだけど、○○まで付き合ってくれない？」など落ち着いて話せる場所に誘ってみるのもおすすめです。場所を変えることで「聞く」「話す」を意識づけることができるのと、場所を変えることによってゲームなどを中断できるので、親の話を聞く態勢にもなります。

■子どもに合ったコミュニケーション手段を使う

直接話す以外に、メール、LINE、電話、手紙などの方法があります。それらを試してみる、組み合わせてみるのも有効なときがあります。Sさんの実践していたポストイットにひと言書く、手紙を書くなどもよい方法です。

子どもとの「4つの時間」を意識してください

子どもとのコミュニケーションをスムーズにするためには、お子さんとの心のチャンネルを合わせることが必要です。そのためには、お子さんの心の状態に応じた「4つの時間」があることを知ってください。

次の4つの時間のバランスを意識して話してみましょう。

それぞれの時間の長所と短所をあげてみたので、ぜひ参考にしてください。

①向き合う時間
長所：互いの考えがよくわかる可能性がある
短所：子どもの息が詰まる、プレッシャーになる、自主性を奪う可能性がある

②横に寄り添う時間

長所：お子さんが「わかってもらえる」「支えてもらえる」と感じ、安心できる
短所：お子さんに刺激を与えにくい、子どもが親に依存しやすい

③前で手本を示す時間

長所：親の生き方、勇気、価値観を見せることができる
短所：お子さんがついていけない可能性がある

④後ろから見守る時間

長所：お子さんの自主性が高まる
短所：お子さんが孤独を感じやすい

互いの位置関係（正面、横、前、後ろ）をイメージできたでしょうか？
例えば、お子さんが「④後ろから見守る時間」を求めているのに、あなたが

「① 向き合う時間」ばかりで応じていれば、お子さんは「信用されていない」と感じるでしょう。

また、お子さんが「② 横に寄り添う時間」を求めているのに、あなたが「③ 前で手本を示す時間」ばかりで応じていれば、お子さんは「わかってもらえない」と感じるでしょう。

つまり、あなたがどんなにがんばっても、お子さんとの心のチャンネルが合っていないと空回りになってしまうのです。

「いまあの子は、どの時間を求めているのかな？」

そう自身に問いかけながら、お子さんを観察する習慣をつけてみましょう。

きっと、子どもとの接し方で、お互いのストレスがぐっと減るはずです。

不登校から脱け出すカギは「行く理由」探し

長年、不登校とたたかう親子を支援してきて感じていることがあります。それは、多くの親御さんが、「行かない（行けない）理由」を探しているということ。行かない理由を見つけ出し、取り除こうとすることで、子どもの不登校を解決しようと懸命になっているのです。

しかし、残念ながら多くの場合、「行かない理由」は見つからないのが実状です。たとえ見つかったとしても、「行かない理由」を完全に取り除くことは不可能です。なぜなら、「行かない理由」はお子さんの「記憶の中」にあるからです。

お子さんが経験した、つらいこと、苦しいこと、怖いことの記憶は消せません。

また、たとえ、いま直面しているいじめや友人関係のトラブルなどを解決したとしても、「また同じようなことが起こるのでは……」という「恐れ」も抑え込むことにはなりません。

でも、心配しないでください。たとえ「行かない理由」を取り除けなくても、不登校から抜け出す方法はあります。

それは、「行く理由」を見つけて育ててあげればいいのです。「行かない理由」よりも、「行く理由」が大きくなればいいのです。

これからは、あなたのエネルギーを、
「行かない理由」を見つけて取り除くことに50％
「行く理由」を見つけて育てることに50％
半分ずつ注ぎましょう！

Nさんの息子さんも「行く理由」を見つけられて学校へ行く勇気を持てたひとり。

「4カ月学校へ行けなかった息子ですが、ようやく三学期の終業式から行けるようになりました。春休みがあるので新学期は不安でしたが、今日緊張しながらも自分からお友達の家へ誘いに行きました。

はじめの2カ月は母子ともに不安のほうが大きかったですが、後半の2カ月は、冊子や他の方の体験談などを聞くうちに私の心も落ち着き、息子に対する言動も変わってくることで息子も次第に元気が出てきたように思います。父親との会話が増えたことも大きかったと思います。

元気が出てきて、その次は学校へ行くきっかけを息子も探していたようです。結果的には、友達からの電話でいままでの不安がスッと取れたことで学校へ行く勇気がでたようです。

まだスタートしたばかりなので、親子であせらずいこうかと思います」

ちなみに、実際やってみるとわかりますが、「行く理由を見つけて育てること」は楽しいですよ。ぜひお試しください。

大切にされている、信頼されている
という安心感がカギ

「不登校を機に親子の向き合い方がわかって、毎日がとても楽になりました」

こういう声は本当に多く届きます。

いくつかご紹介しましょう。

「中三の10月から学校へ行き渋り、11月には完全不登校となった息子ですが、全日制高校の入学式に出席できました。中学からはじめた部活の強豪校です。どうしてもその学校で部活をやりたいという本人の希望で相談室登校をはじめ、入学試験を受けました。入学前から部活に参加させてもらい、今日も夜遅くまで部活です。

まだ、勉強は集中してできず、入学前に出された課題をやるのも進みが遅いこともあって、このままでは学校生活を送ることが困難になる日が来るのでは……と不安になることも。でも、息子を信じて見守ります。

学校に行かなくなった当初は、家の壁を蹴って穴をあけたり、携帯を壊したり……、救いを求めていろいろな本を読み、菜花先生の本に出合いました。

そこで、夫と二人、まずは教わったとおり、こちらの希望や期待を押し付けることをやめ、息子の話を聴くように、彼の希望を叶えるようにしました。すると、息子の気持ちが落ち着くだけでなく、私たちが怒ることがなくなりました。

息子が相談室に行かないと言い出すのではないか、受験はやっぱり無理というのではないか……そうビクビクする日は続きましたが、息子の言動にイラついたり怒りを感じたりすることが、不思議となくなったのです。

高校やこの先もつらいこともあると思います。でも、困難を乗り越えられるように、笑顔で元気に過ごしていきたいです」

「中学生の末娘は、部屋に引きこもったのをはじめに、夜遊びや朝帰り、昼夜逆転、親を汚い言葉で罵るなどと荒れ、私はどれだけ泣いたかわかりません。

どうして学校に行きたくないのか全くわからず、キレると手がつけられなくなる始末で、腫れ物に触る状態。私自身おかしくなりそうでした。

菜花先生の本で紹介されていたMさんの『ひとり言作戦』(子どもの成長の喜びをひとり言のように言って、子どもに聞かせる)を読み、口で言うとお互い感情的になってしまうので、彼女が生まれる前からどれだけ待ち焦がれていたかなど、便せん10枚くらいに綴って渡したところ、ガラッと顔の相が変わりました。その後は、よく笑うようになり、親子でショッピングに行ったり、温泉に行ったりするようになりました。

学校には週2ペースですが欲張らず、がんばって行ったねとほめてあげています。進路も定時制の高校に行くと本人が決めてくれて嬉しかったですね。

まだまだいろいろ課題はありますが、一歩一歩前に進んで行ってくれたらと願っています」

子どもは話さなくても、行動で必死にメッセージを発信しています。

「僕は（私は）大事にされている？」

「愛されている？」

親からすればあたり前のその事実も、きちんと伝えなければ届きません。

お子さんが安心して「自分は愛される価値のある存在なんだ！」と思えるまで、何度でも正しい方法で伝えてあげてください。

親からの愛を確認できることではじめて、子どもは愛を試す必要がなくなり、親も子どもも毎日を楽しむことができるようになるのです。

「大切なのは、学校に行くことではなく、子どもが笑顔でいてくれること」。それが、たったひとつの真実です。

3章

「周りからのプレッシャーがつらい…」

家族を
味方につけるために

周囲との付き合い方に悩んだときの体験報告より

家族がなかなか理解してくれないとき

「夫（妻）や同居する家族が不登校についてなかなか理解してくれない」

「悪気なく子どもを傷つける家族には、どう対応したらいいのか？」

周囲の理解が得られず事態の改善が望めないというのは、よくあるご相談です。

特に、お子さんの不登校を理解して、多少なりとも快方に向かいはじめた親御さんからよくあります。

こんなお便りを頂きました。


「中学二年の娘は、一学期の6月ぐらいに部活に行かなくなり、二学期から不登校になりました。先生の本を読ませて頂きずいぶん励まされ、いまは、私自身が笑顔で見守っていこうと思っています。

ただ、同居する私の両親が、学校へ行かないことを責め、行くように促します。私がどんなに〝いまは休息が必要なだけ。大丈夫だから、見守ってほしい〟とお願いしても理解してくれません。娘は何も言いませんが、きっと傷ついていると思うと、私もつらくなります。

両親は悪気があるわけではなく、娘を心配するあまりの言葉だとは思いますが、何か良い言い方などありますか？」

自分は子どもを理解できるようになってきたけれど、周囲がそれをわかってくれず、うまく子どもをサポートしていく環境がととのわない、という悩みです。

ハッキリ言ってしまうと、不登校のつらさは経験者であるお子さん、そしてお子さんを一番近くで支えるあなたにしかわかりません。

そもそも、人は自分が体験していないことは理解できないのですから、理解できないご家族を許してあげてください。

不登校を理解してもらうのはあきらめて、サポート方法を話しましょう。その際、次の「想いを伝える4ステップ」を知っておくと、相手とのやりとりがスムーズに進みますので、ぜひ活用してみてください。

❀想いを伝える4ステップ

①ご家族の話（つらさ）をじっくり聴いて気持ちを理解してあげる【共感】

ご家族も不安なのです。その気持ちをまずはこちらが受け止めることで、相手のつらさが和らぎ、こちらの話を聞く余裕が向こうに生まれます。

②ご家族の言葉であなたやお子さんが「どう感じているのか」を伝える【現状認識】

心配のあまり悪気なくかけてくるその言葉でお子さんが傷ついてしまうことや、

あなたが責められているように感じることで子どもにどのような影響があるのかなどを、できるだけ客観的に伝えましょう。

③ これからはどう接して欲しいのか（どう接すればうれしいのか）伝える【要望】

「気長に見守ってもらえると助かります」
「学校に行かないことを責められるとつらいです」
「自信をつけるのが大切なので、よいところは小さなことでもほめてください」
「子どもを不安にさせたくないので、心配なときは子どもではなく親に相談してください」

など、具体的にお願いしましょう。

伝え方のコツは、

「◯◯してもらえると助かります」
「◯◯されるとつらいです」

など、してほしいこと、してほしくないことを具体的にして、ご家族ができるサポートの方法をはっきり伝えることです。

「○○だから○○してください」

「○○だから○○しないでください」

など、理由を添えてお願いするのも、相手の理解が得られやすく効果的です。

④改善されるまで①〜④を繰り返す

根気よく粘り強く、を忘れないでください。


大切なのは、「共感」→「現状認識」→「要望」、この順番です。

最初に「共感」がなければ、相手も「批判されている」、「責められている」と感じて反発してしまいます。

この４ステップは、お子さんに想いを伝えるときも使えますので、試してみてください。

夫を動かす3つの秘訣

お子さんが不登校になってご相談に来られるお母さんの悩みで多いのは、「夫に協力してもらうのがむずかしい」というもの。私の著書を読んだり勉強会に参加したりしたお母さんから見ると、夫の子どもへの関わり方に物足りなさや不満を感じてしまうことが多いようです。私からのサポートメールも、「変なメールを見るのはやめろ！」と言われたと悲しそうに報告される方もいます。

あるお母さんからは、こんなご相談をいただきました。

「夫にああしてほしい、こうしてほしいとは、言わないほうがいいでしょうか。夫のすることについ意見してしまい、要求ばかりしてしまう自分がいます。子どもに対しては共感しながら聴くこともできるようになってきたのですが……」

お子さんを想うがゆえに必死に行動してきたお母さんだからこそ感じる、同じ親としての歯がゆさだと思います。

でも、ご主人はご主人なりに、あなたの見えないところで考え、悩み、行動していることも多いのです。言葉にするのが下手だったり、どうしたらいいかわからず、うまく手を差し伸べられていないだけで、何もしていないように見えるかもしれませんが、多くの父親が母親と同じように子どものことを思っています。

しかし、人間誰しも、経験していないことを行動に移すのは難しいものです。

ですから、あなたがご主人を上手に動かしてください。

そのための秘訣をお教えしましょう。

①感謝

まず、ご主人が普段やってくれていることの中で、あなたが実際に助かっていることに対して「感謝の気持ち」を伝えましょう。男は感謝されるとヤル気と元気が湧いてきます。

また、最初に感謝を伝えることで、これまでの心のわだかまりを解かし、あなたの話を聞く準備ができます。

ポイント まずは「感謝」で心をほぐす

②お願い

ご主人にやって欲しいことは、「お願い」の形で伝えましょう。

例「○○してくれたら助かるんだけど、お願いしていい?」

例「お願いがあるんだけど……、○○してくれるとうれしいな」

男は本能的に意見・命令を嫌います。でも、お願いされるのは大好きです。

ポイント 男は「お願い」されるのが大好き

③評価(感謝)

男は自分の行動が役立ったのかどうか気になります。

ご主人になにかお願いしたら、その後必ず「○○してくれてありがとう。とっても助かった（うれしかった）わ！」と笑顔で伝えましょう。

お願いした内容が、これからも繰り返しやって欲しいことなら、「またお願いしてもいい？」と付け加えましょう。

ポイント 夫にやって欲しいことは、「お願い」を「感謝」でサンドイッチ

夫の行動に不満のある方は、ぜひ、試してみてください。

また、お子さんとの接し方に悩んでいる方も、ご主人にお願いしてみてはいかがでしょうか？　息子さんとうまく話せなかったKさんは、話し合いをご主人に全面的にお願いして、お子さんの本当の気持ちを知ることができ、いまは元気に学校へ通っていると言います。


「3月下旬、不登校だった高一の息子は、4月からどうするかを夫と話し合いました。いつもならろくに話もせずに自分の部屋に行ってしまいますが、その日だけは違っていました。二人でじっくり時間を掛けて話し合っていました。

悲しいことに、息子は私とは全く話をしてくれないので、このときばかりは

夫に全てを任せて、私はその場を離れていました。

夫の話によると、息子は『学校は辞めたくない。でも、どうしたらいいのかもわからない』と。夫はスクールカウンセラーと話すことを勧めました。以前は拒否していたのに、その日はすんなり受け入れて、後日カウンセラーと話すことができました。

後から聞いたのですが、その時期に息子が一番信頼していた中学のときの担任とも話をしていたようです。いま思うと、その時点で自分の気持ちはある程度固まっていたのかもしれません。

4月の始業式の日。息子は登校していきました。留年しているので、一年生としての再スタートでした。駅まで車で送ったのですが、歩いていく後ろ姿を見送ったら、溢れる涙を抑えることができませんでした。あの制服をもう一度着てくれるなんて、それまでは夢にも思いませんでした。

そして再スタートから1カ月。元気に通学しています。相変わらず、私とは全く話をしてくれませんから、どのような学校生活を送っているのか知る由もありませんが、時折見せてくれる笑顔は、楽しく学校生活を送っていることを物語っていると信じています。そしていつか、私にもこの学校生活を笑顔で話してくれる日が来ることを願っています」

……………………

また、Oさんは夫との仲が改善して、娘が明るくなったという報告をくれました。

「私にとって娘が学校に行けないことは一番の悩みで、毎日毎日苦しい思いをしていました。そんな私を主人は励ましてくれていたのに、感謝もせず、私ひとりが大変と勘違いしていました。

ふと気がつくと主人の心の中に私はいなかったのです。とてもショックでした。いろいろ話をし、喧嘩もし……最悪なことも考えました。

お陰様でいまは仲良くもう一度夫婦として歩きだしています。まさに再出発です。みんなが感謝し、仲良くし、家族でいろいろ話をすることで、毎日が楽しくなり、娘も明るくなりました。毎日家族仲良くできること感謝します」

……………………

NOマンをやっつけろ!

家族や夫婦の関係が対等なものならよいのですが、ときとして、聞く耳をもたない（もつ余裕のない）人というのもいるものです。

他人ならば距離を置けばすみますが、同じ屋根の下で暮らす場合、そして、子どもの不登校という問題をともに解決していこうとする場合、どうしたらいいのでしょうか。

先日こんなお便りを頂きました。

……

「もうすぐ、娘の卒業式です。まだ、卒業できるかどうかぎりぎりのところですが、きっとできると信じて、式は着物を着て行こうと思っていると主人に話したところ、やめろと言われました。

本来なら卒業なんてできる訳ないところを卒業させてもらえるのに、浮かれて見えるからと。胸を張って出席できるものでもないのに、みっともないと。最近は着物を着て参列される方も多いですし、礼服として場にふさわしいものだと私は思うのですが……。

もし、主人の言うように浮かれて見えたとして、娘ががんばって卒業できることを喜ぶのがどうしていけないのでしょうか。

主人はいつもNOマンです。他人の意見は全て否定型で返ってきます。娘には気を使うようになったこともあり、最近はそうではありませんが、私と息子の意見は全て否定します。自分が認めた人の意見しか聞けない人です。そして、自分の意見を押しつけてきます。

家族みなが笑顔でいることが子どものためと思い、気分転換しながらいままでがんばってきましたが、ときどきこれ以上一緒にいられるか不安になります」

この方に私は、次のようにアドバイスしました。

「もしご主人が卒業式に出ないなら、こっそり外で着付けして着物で出席しちゃいましょう！」

世の中には素直に人の話を聞ける人もいる一方で、この方のご主人のような、人の話を否定するだけのNOマンもたくさんいます。

そんなNOマンにいちいち取り合っているとどうなるかというと、NOマンのノーに対して、ノーで答えることになり、いつの間にか自分自身もNOマンになってしまうのです。

これでは、いつまでたっても平行線で困りますよね。

では、どうすればいいのかというと、答えはとてもシンプルです。

NOマンに対しては、すべて「イエス」で答えるイエスマンを貫くのです。

「そんなことをしたら、相手の言いなりですよね。それはいやです！」

そんな声が聞こえてきそうですが、そうはならないので安心してください。

ここからが大事なのでよく聴いてください。

NOマンがノーと言ってきたら、

「はい、わかりました」と素直にイエスで返して下さい。

そして、NOマンがいなくなったら、あなたの想い通りにやるのです。

当然、あとでNOマンが気づいて怒るでしょう。そうしたら、

「そうですよね。怒りますよね。ごめんなさい」

と素直に笑顔で「イエス」で返します。

こんな具合に、NOマンへの返事はすべて笑顔&イエスで返し、実際のあなたの行動はすべて自分の思った通りにやるのです。

これを繰り返しているとどうなるかというと、やがてNOマンはあきらめて何も言わなくなります。

うまくいけば、NOマンがだんだんイエスマンに変わります。

どうしてそんなことが起こるのでしょうか?

「そもそもイエスマンとはどんな存在か」を考えてみるとよくわかります。

イエスマンとは、

・相手の話を否定しない
・相手の話を受け入れる
・自分の非を素直に謝る
・笑顔で好意的に対応する
・決意と一貫性をもって家族のために行動する

そんな人物です。つまり、これはリーダーシップのある人のことです。

ご家庭のなかでリーダーシップがどこにあるかは、家族の問題を解決するときに、とても重要なことなのでよく覚えておいてください。

ノーマンが「ノー」を言い続け、あなたが「イエス」を言い続ければ言い続けるほど、あなたがリーダーシップを発揮することになります。

つまり、ノーマンは「ダメだダメだ」と騒ぎ立てるクレーマーで、あなたは、それを笑顔で解決するリーダーという立場になるのです。

そんな状況が続けば、結果的に、ノーマンはあなたがリーダーだと認めることになってしまうのです。

そのことに気づいた瞬間、ノーマンは「ノー」と言うのをやめるでしょう。

家族のなかにNOマンがいて困っている方は、ぜひ、試してみてください。

父親と母親の意見が違う場合

ふつう人間は一人ひとり、考え方が違います。ときに子どものことを思うあまり、夫婦で意見が対立することもあるでしょう。しかし、どちらも正しいのです。

「中三の娘（中三、二学期から不登校）が4月から東京の学校へ行って、もし何かあったら私に責任を取れと言います。私は本人の希望する進路に進ませてあげたいのですが、父親は本人の思い通りにはいかないこともある、と言います。自分も諦めてきたと言います。

逆に私は思い通りの進路に進ませてもらい、両親には本当に感謝しているのですが…。都会だから危ないとか、お金がかかるとか、ちゃんと試験を受けて入るものだといって反対しますが、私は本人が夢をもって自分を変えようとしているので、本人が望む進路に進ませてあげたいのです。

最近は、体験入学を通して友達をつくったり、家にいるときとは違い、自分から生き生きと行動している様子から絶対反対だった気持ちが、少しずつ変化はしてきているようですが。どうしたらいいのでしょうか？」


あなたから見れば、ご主人の考えはおかしいように見えるかもしれません。しかし、ご主人にとっては、いままでの人生経験からそれが一番、傷つかずにすむ方法だったのです。ご主人にとってはそれが最善の方法なのです。

問題は、あなたが、ご主人の考えを理解し、受け入れられるかです。もし受け入れられなければ、関係を解消したほうがいいでしょう。

しかし、どんな状況でも決してご主人を恨まないでください。ご主人はご主人なりに最善を尽くしているのです。どんな状況でもご主人を許し、自分の幸せを求めてください。自分の幸せを求めることが、長い目で見れば、皆の幸せになります。あなたが決意と覚悟をもって、落ち着いてご主人とお話をすれば、理解し合える道が見つかるかもしれません。

人生の醍醐味は挑戦し続けること、何歳になっても自分の成長を目指すことです。生きがいや喜びはそこから生まれます。親が諦めてきたからといって、子どもにも同じように諦めさせる必要はありません。娘さんもきっと、親離れしたいのでしょう。

あなたはお子さんの味方のようですから、お子さんの身になって、ゆっくり話を聴いてあげてください。そして、お子さんの意思が固いようなら、どこまでも、お子さんを応援してください。あなたが娘さんにとって、世界最強の応援団になるのです。ご主人が、責任を取れというなら、取ればいいのです。

万一のときは、娘さんと二人で楽しく生きていけばいいのです。人生は楽しむためにあり、あなたは幸せになるために生きているのです。

「毒」を振りまく人とは距離をとる

家庭が愛に満ちていれば、お子さんはその愛を充電して元気になっていきますが、家族のなかにいつも怒っている人や、仲の悪い者同士がいて嫌な雰囲気が漂っていると、回復が難しくなります。

「私の家庭は実父が死去してから実母と主人、現在中二と小六の男の子の5人暮らしをしています。下の子は小四の6月から、次に上の子は中一の2学期から不登校になりました。上の子は幼稚園頃から家に寄りつかず、実母・父のところで生活していました。

私は下が9カ月から仕事に行きはじめました。主人は子どもの頃から父親に虐待をうけていたためか、自分の子どもにも殴る蹴るを平気でしていました。

子ども達もそんな主人が嫌いでどっか行けばいい、自分たちは親にかわいがられていないと言います。確かに仕事中心の毎日が続いていました。

そんな中で育ったせいか、相談はほとんど実母が受けていました。主人の暴力は実母も私も注意して少しはましになったのですが、私達のいないところで特に長男に自分が気に入らないことがあると、いまもしているみたいです。

実母が主人のことを嫌っています。そのことを子どもの前でも平気で言います。

そんな主人ですが、家事も手伝ってくれたり優しいところもあり、私と主人の関係は以前に比べるといいです。言いたいことも言えるし相談もします。実母は自分が家を出ようかなと最近よく言うようになりました。子どもの不登校や主人のことでいつもイライラしてストレスがたまると言ってます。

私はできればこのまま一緒に過ごしたいと思っています。どうすればいいでしょうか?」

「同居している義父母の仲が悪いです。お互いを信頼せずに罵声を浴びせることも多く、これも息子の不登校に影響しているような気がするのですが……」

子どもにとって良くないものはいろいろありますが、その最たるものが「怒っている人」です。できるかぎり子どもから遠ざけてください。

罵声は「毒」であり、「暴力」です。家族の不仲や家族間での罵声は、お子さんの自己重要感や他人への信頼感が大きく下がる要因になります。いますぐ止めるようお願いし、すぐ解消されないなら、いますぐ同居をやめるべきです。すぐに同居をやめるのが難しいなら、せめてお子さんだけでも至急アパートなどに避難させてください。そのくらい有害なものです。

罵声を聞かせながら不登校の支援をするというのは、毒を飲ませながら「元気になれ!」と言っているのと同じことです。重く受けとめてください。

こうした環境では、子どもは部屋にこもってゲームやネットに没頭することで自分を傷つける「罵声」から逃れようとするでしょう。お子さんがゲームばかりしていると嘆く方は、その前に彼らの周りに怒鳴り声や険悪な雰囲気が満ちていないか、気を配ってください。

お子さんの行動にはすべて意味があるのです。そのほとんどは「心」を守るためです。そのことを思いやってあげてください。

このご相談をされた方の息子さんは、「早く寿命がこないかな……」などとつぶやくことがあるそうですが、それは当然のことです。なぜなら、息子さんは子どもの頃から義父母の罵声を聞かせられ続け、

「将来、あんな風になるなら大人になんかなりたくない、消えてしまいたい」

と思っているはずだからです。

一度、家以外の落ち着ける場所で息子さんに聞いてみること、そして、もし息子さんが「自立(別居)」を望むなら応援してあげてください、とアドバイスしました。その際、嫁の立場である相談者さんの希望ではなく、息子さんの希望という形にしたほうがいいこともお伝えしました。

そうはいっても、いろいろな事情で別居するのがむずかしいこともあるでしょう。もし、あなたも同じような問題に直面しているのなら、その場合はせめてあなたがお子さんの気持ちを理解し、共感したいと思っていることを伝えてください。

あなたが理解してくれるだけでも、お子さんは救われます。

それから、お子さんに有害なものは、あなたにとっても有害なのだ、ということも忘れないでください。

もし、あなたの同居している家族同士が険悪な雰囲気で、怒鳴り声などが飛び交う環境にいるのだとしたら、あなたの心や身体の健康が心配です。体調はいかがですか？　くれぐれも、あなた自身の心と身体を大切にしてください。

お子さんを守れるのはあなただけです。

そしてお子さんの一番の願いは、あなたの健康と幸せなのです。

もし学校の対応に期待ができないのなら…

学校の先生といい関係を築こうとするのは大切なことですが、それは大人同士の話。子どもに、学校や先生との関係性の責任を負わせる必要はありません。

担任の先生に関する、こんなご相談をいただきました。

「現在、小五の娘は教室に入ることができないため、図書館学習をしています。原因は、男性教諭恐怖症のためです。

実は三年生のときに、学級崩壊気味になって手がつけられず、そのせいか担任の女性教諭が体調不良となり、夏休み明けから男性の先生に変わりました。

崩壊気味のクラスの立て直しを目標に先生は机を蹴ったり、叩いたりして静かにさせていたそうです。娘はそれに耐えきれず体調不良を訴え、保健室登校になりました。

そんなことがあったので、四年生に上がるときに事情を説明し、〝担任は女性の先生にしてください〟とお願いし、学校側の配慮もあったため、去年一年間は女性の先生のもとで何事もなく学校生活を過ごすことができました。

ところが、五年生に上がったとき担任が男性教諭になってしまいました。一週間はがんばって教室まで行けたのですが、そのあとはどうしても入ることができず、いまにいたります。

楽しみにしていた学習旅行も体調不良で行けず、女性の先生だったらお友だちと楽しい思い出を作って帰って来たはずなのに、と娘のことを思うと悔しくてたまりません。

教室に行けない原因はハッキリとしているのに、どうしていいかわかりません。娘が先生を受け入れなければ変わらないのでしょうか？

〝娘さんも強くならないと〟と周りはいいますが、体が拒否してしまうようです。

男性教諭恐怖症はどうしたら治るのでしょうか。

学校側の対応を待つことしかできないのでしょうか。

思春期ということもあってか、私に対してもすごく反抗的で、正直心が折れそうです。どうか、どうか助けて下さい。お願いします」


娘さんを心配されるお母さんからの切実な悩みに、私も胸が痛くなりました。

はじめに、一番大切なことを確認したいと思います。

それは、「この娘さんは何も悪くない」ということです。


もともとの原因は、次の3つです。

①学級崩壊（学校と先生の問題）
②男性教諭の暴力的態度（学校と先生の問題）

③再度男性教諭になった（学校の問題）

いずれも教師の能力不足と学校側の対応ミスです。

娘さんは全く悪くありませんので、

「あなたは何も悪くないよ！」

「お母さんが必ずあなたを守るからね！」

そう娘さんにも伝えてください、とお母さんにお願いしました。

こうした学校側に非がある場合、お子さんに「もっと強くならないと」と変わることを求めるのは酷な話です。

お子さんは、悪くありませんから、変わる必要はありません。

変わらなければならないのは学校です。学校側の対応を待つ必要はありません。

ご相談内容を聞く限りでは、正直言って学校内での改善はあまり期待できそうもありません。実際、「男性教師は不可」の引き継ぎさえされていません。

こうした被害が出ていることに対して改善のための要求をしたにもかかわらず、きちんとした対応をとってもらえない場合は、教育委員会へ相談してもかまわないと思います。

この娘さんのケースは、男性教諭の暴力的態度によるPTSDです。冷静かつ毅然とした態度で改善を求めることが、子どもを守ることにつながります。

要望の主な点は、次の3つです。

- 今後卒業まで担任を女性教諭にすること
- 教室以外の場所・場面でも可能な限り男性教諭と接することがないよう配慮すること
- 教室に戻れるまでの間、心身ともに安全に学べる環境を整えること

このように、前もって現状をきちんと説明できるように相談したいことを整理し、要望を具体的にしておくことでスムーズにことが進むでしょう。

誰かを傷つけるのも人、
助けるのも人という事実

「子どもが不登校のときは、私自身も、人に会うのが苦しかった……」

そう打ち明けてくださる方は、たくさんいます。

それと同時に、同じくらい、

「一人じゃなかった」

「たくさんの人に救われました」

そんな声も「人に会うのがつらかった」と語る同じ方から聞こえてきます。


……………

「娘は中学に入学して、勉強、部活、塾……と一生懸命過ごしていた矢先、夏休み前に熱中症で体調を崩し、自律神経やホルモンバランスの乱れなどで不登校になりました。心ない学校の先生の言葉や、周りの生徒・保護者に苦しめられることもしばしば。私自身も人に会うことが苦しかった……。

でも、そんな中で、菜花先生や職場の方々、支援室の先生……、みなさん温かく居場所を作ってくださった。だからこそ娘は手芸や衣装作り、和裁など、自分のやりたいことを見つけ、私も下手なりに一緒に作り、職場のクリスマス会で〝アナ雪〟のコスプレ衣装や雛祭り、七夕の衣装など、私たち親子が作ったものを職場の方が喜んでくださいました。私たち親子は一人じゃない、そう実感できました。そんなこともあって、娘はどんどん前向きになれました。

高校は電車で1時間40分かけてでも、きもの科のある学校に行きたいと自ら希望して、受験。無事合格しました。人の多い電車通学に、『つらい……、急には変われない……』と涙することもありましたが、『不登校？　そんなの関係ないよ。大丈夫！』と言ってくださる先生方に救われ、いまでは、大好きな着物（浴衣）作りができる学校に本当に楽しそうに通っています。

ここへたどり着くまでは、本当につらく長く息苦しいトンネルの中をさまよっているようでした。でも、みんなと同じでなくて大丈夫なんですね。

こちらを不安にさせる人たちには惑わされず、自分の子どもを信じること。そして、差し伸べられる手、応援してくださる人たちの手に感謝すること。大事なことをたくさん教わりました」


「不登校克服の真っ最中ですが、最近変わったのは夫です。

娘の不登校を理解しようとしてくれるようになりました。これまでは、学校に行かない娘を心なくなじったりしていたのですが、それがなくなりました。

私も毎日を楽しむようになりました。以前は、楽しんではいけないと思っていたので、楽しめませんでしたが。自分が変わると周りが変わり、周りが変わると自分が変わるんだなぁ……と実感しています」


「苦しむだけでなく、自分が楽しむことで周りも変わる」

このことを、ぜひ、あなたにも実感していただけたら、と思います。

4章

「不登校のトンネルはいつまで続くの…？」

先が見えなくても、覚えておきたいこと

不安で眠れないときの体験報告より

いつになったら不登校を卒業できるの？

「家では元気で過ごしていますが、学校の話をすると黙り込みます」

「明日は行くと言っていたのに、朝になると布団をかぶって出てきません……」


お子さんが学校へ行きはじめる時期はさまざまです。

絶対行かないと言っていたのに、何かの拍子で突然行きはじめることがある一方で、明日になったら、来週まで休んだら、新学期にはと言いながら、その日になると体調が悪くなったり起きられなかったり、というのもよくあることです。

「いつになったら元気に学校へ行けるのだろう……」

不登校の期間が長くなるほど、ご家族もこの疑問にさらされて苦しくなることがあると思います。

この章では、そうした不安にぶつかったとき、どうしたらよいのか、事例を紹介しながら対処法をお伝えしていきます。

不登校を卒業したご家族のみなさんがこの不安を通ってきました。

ですから、あなたもあなたのお子さんも大丈夫。

自信をもって、いまするべきことに焦点を当てていきましょう。

「朝起きられない」のには理由があります

学校へ行きたい気持ちはあるのに朝になると起きられない、頭痛や腹痛になることもしばしばで言い訳ではなく本当に体もつらそう……。見ている親もつらいですよね。これは不登校のお子さんによくあることで、特に繊細で真面目なお子さんに多く見られます。

学校へ行くことや勉強することが大切であること、そして、親を心配させてはいけないこと、そうしたことをお子さん自身がよくわかっています。

「学校に行かなくては」というお子さんの真面目さが、「明日は学校へ行くよ」と宣言させているのです。

でも、朝になると体が動かない……、それには理由があります。

それは、**お子さんにとって学校がまだ安心できる場所になっていない**ということ。


お子さんが安心して学校へ行けるようになるためには、

「お子さんが学校で傷つけられないこと」

あるいは、

「お子さんが耐えられるくらい元気になること」

このどちらかが必要です。

どちらかが満たされるまでは登校を焦らないほうが良いのです。

あなたにとって大切なのは、

「お子さんが学校へ行くこと」ですか？

それとも、

「お子さんの幸せ」ですか？

お子さんが学校へ行けない期間が長くなればなるほど、ご両親が復帰を焦るその気持ちはよくわかります。でも、その焦りは誰よりもお子さん自身が感じているものです。

親に向かって「明日は学校に行くよ」と、なぜお子さんが言うのかといえば、それは、自分自身を鼓舞するためだけでなく、親御さんの「学校に行ってほしい」という気持ちも敏感に感じ取っているからです。

ですから、そういうお子さんには、ぜひ、こう伝えてあげてください。

「私たちにとって大切なのは、〝学校へ行くこと〟ではなく〝あなたが幸せでいること〟だよ」

きっと、お子さんは、ご両親からの愛を感じて、これまで以上に安心して充電期間を過ごすことができるはずです。

充電の効率もずっと良くなると思いますよ！

「登校刺激」や「学習刺激」はいつしたらいい？

登校について、親はいつ、どうやって話題にしたらいいのでしょうか。
また、ゲームやネットばかりしている子どもに、勉強の心配はしなくていいのでしょうか。

「いつになったら勉強のことを言ってもいいの？」
「どのタイミングで登校刺激をすればいいの？」

実際、こうしたご質問はたくさんいただきます。

覚えておいてほしいことは、「登校刺激、学習刺激」と「登校支援、学習支援」は違うということ。

少し厳しい言い方になりますが、大事なことなのでハッキリいいましょう。「登校刺激、学習刺激」は親自身のための行為です。

「そろそろ学校に行ったほうがいいんじゃない？」

「ゲームばかりしていないで少しは勉強したら？」

こうした「登校刺激、学習刺激」の声掛けは、親の焦りや不満、イラ立ちを子どもにぶつける行為、つまり、親のストレス発散です。

一方、「登校支援、学習支援」は子どもの行動を助ける行為です。

もうおわかりのことと思いますが、お子さんは「刺激」など望んでいません。刺激されたら、まだ癒えていない心の傷が痛むだけです。

「〜しなくていいの？」

「〜したほうがいいんじゃない？」

などの言い方は、「していなくてダメじゃない」という現在のお子さんを否定している言い方ですから、「支援」にはなりません。

お子さんが望んでいるのは、本当の意味での「支援」です。

本当の「支援」とは、

・子どもの心の充電の邪魔をしないこと（否定しないこと）
・子どもが望むときに必要な助けをすること（支援すること）

具体的には何をすることを指すのかは、お子さんにしかわからないこと。ですから、お子さんをよく観察しながら「放っておく」。そのうえで、きっかけがあったときに、お子さん本人に直接、

「学校や勉強のことで、いま助けてほしいことはある？」

「お父さんやお母さんにしてほしいことがあったらいつでも言ってね」

そうお子さん本人に聞いてみてください。

「あなたが望むときに、望むことを、いつでも手助けするよ」

そう伝えることが、本当の支援です。

新学期のワナと「登校支援」4つのチェックポイント

登校を焦ってはいけない。

そうわかっていても、学年や学期の変わり目は心が急《せ》くものです。

「新学期は学校復帰のチャンス！」

「いま行けなかったらまたズルズルと行けない日が続くのでは……」

こんなふうに考えたことがある方は多いのではないでしょうか。

確かに新学期は、クラス替えや担任、学校が変わったり、暖かくなって心と体がほぐれてきたりと、絶好のタイミングのように思えます。

ここで大切なのは、「あなたのお子さんもそう思っているかどうか」。

もし、お子さんもそう思っているのなら、まさしくいまが学校復帰のチャンスですから、親子で心と力を合わせて復帰を目指すと良いでしょう。

でも、お子さんの元気が不十分だとしたら、あなたの期待はプレッシャーになり、せっかく築いた信頼関係が壊れる危険があります。

復帰支援（登校支援）をする前に次の4点をチェックしてみてください。

復帰支援前4つのチェックポイント

①普段のコミュニケーションが取れている（親子の信頼関係がある）
②学校の話題を普通に話せる（お子さんの心の整理がついている）
③お子さんに「学校へ行きたい！」という意思がある（本人の意思）
④お子さんが「親からの支援」を求めている（本人の意思）

4つともオッケーなら自信をもってお子さんを支援してください！

もし、1つでも欠けているなら、焦らずに、欠けているポイントを1つずつ満たすことを心がけましょう！　そうすることが結局は登校への近道になるのです。

復学トレーニングする場合のポイント

一日も早く学校へ行って欲しい！　毎日元気に通えるようになって欲しい！

学校へ行けないお子さんをお持ちの親御さんなら誰もが願うことです。では、そのための復学トレーニングはしてますか？

「え〜〜っ!?」

という声が聞こえてきそうですね（笑）。

ちょっと考えてみてください。先生や同級生の視線、勉強の遅れ、長時間の着席、通学……。しばらく学校へ行っていないお子さんにとって登校は、身体はもちろん、心にもものすごいストレスです。

あなたとお子さんの目標は、学校へ〝毎日通うこと〟だと思います。だったらやはり、「復学トレーニング」が必要です。

行かない期間が6カ月を超えるなら、復学トレーニングは2カ月以上前からスタートするのが理想です。そう、夏休み明け、9月からの復帰を目指すなら、6月中、遅くとも7月1日から。冬休み明け、1月からの復帰を目指すなら11月から。新年度、4月からの登校を目指すなら2月から、復学トレーニングをはじめましょう！

「いったい、復学トレーニングって何をすればいいの？」

それは、お子さんの心の中にある、学校への「恐れ」に対する準備なのです。

復学トレーニングのポイントは3つです。

①課題想定（シミュレーション）

②課題練習（トレーニング）

③意思確認（コミットメント）

詳しく見ていきましょう。

①課題想定（シミュレーション）

(1)お子さんとのコミュニケーションやこれまでの言動から、お子さんが不安に感じていることを具体的に選び出す。

例えば、

・友達の視線、陰口
・◯◯先生の怒声、イヤミ
・他人との会話
・長時間の着席
・わからない授業が苦痛
・通学時の混雑

(2)次に、それらの不安要素に優先順位を付ける。お子さんに「何が一番不安（イヤ）なの？」と聞いてみる。

例えば、

- 友達の視線、陰口
- 先生の怒声、イヤミ
- 他人との会話

(3)次に、「❶○○が大丈夫なら学校に行けそう？」と聞いてみる。お子さんの答えがＹｅｓなら、課題の選び出しは終了。

お子さんの答えがＮｏなら、「じゃあ、❷○○も大丈夫なら行けそう？」と聞いてみる。これらを繰り返して、お子さんが行けない原因になっている課題

＝「恐れ」をすべて選び出す。

(4)選びだした課題について、お子さんと一緒に対応策を考える。

(5)お子さんが対応策を思いつかないときはあなたがヒントやアイデアをいくつか提供する。ヒントやアイデアは自分の体験に基づくものが望ましい。自分

の体験がないときは、知人や偉人の体験でも良い。
(6) 重要なのは、お子さん自身が選び、決断すること。

② **課題練習（トレーニング）**

(1) 課題想定で選びだした課題について、対応策を練習する。
(2) あなた：「学校で◯◯になったらどうする？」
お子さん：「そのときは、◯◯するから大丈夫！」
と、お子さんが言えるようになるまで練習する。
(3) 全ての課題に対してお子さんが「そのときは◯◯するから大丈夫！」と言えるようになるまでトレーニングを繰り返す。

③ **意思確認（コミットメント）**

(1) お子さんの心理状態に応じて、お子さんの意思（ヤル気）を確認する。
• お子さんのヤル気があるときのみ課題練習（トレーニング）を行う。

・お子さんのヤル気がないときは課題練習（トレーニング）を行わない。なぜなら、ヤル気がないときに無理やり練習しても自信をなくすだけだから。

(2)お子さんが元気に課題に挑戦しているなら、「どうしてそんなにがんばれるの？」と聞いてあげる。

↓お子さんを認め、がんばる理由がはっきりする

(3)お子さんの元気がないときは、

「大丈夫？　何か心配事があるの？」

「ヤル気が出ないときもあるよね」

と共感し、お子さんの不安を思いやってあげる。

(4)「がんばって！」は禁句。

お子さんはもう十分がんばっているから。もし言うなら「がんばってるね！」

「がんばったね！」

整理します。

①課題想定（シミュレーション）お子さんの不安要素を課題として選び出し対応策を考える。
②課題練習（トレーニング）対応策を練習する。
③意思確認（コミットメント）時々ヤル気を確認してフォローする。

ここまで読んで、「これならうちでもできそう！」「いまがちょうどいいタイミング！」「すぐやってみたい！」と感じた方もいるでしょう。

そんな方はぜひ復帰の2カ月前からチャレンジしてください。

一方で、「ちょっと難しいな……」「うちの子、小さいからできるかな……」「子どもにどう切り出せば……」と感じた方もいるでしょう。

無理もありません。お子さんは一人ひとり違いますし、お子さんの置かれている状況や家庭環境も違いますから。そんな方は焦らずに、本書に載っていることの中で、「いまできること」から始めてくださいね！

「イエスマン」になって自己肯定感を高める

その他に、子どもが自信をつけるために親ができることがあるとすれば、子どもの自己肯定感を高めるようなコミュニケーションの取り方をすることです。

「自分はこのままで素晴らしい存在なんだ」という自己肯定感を子どもが得るためには、「Ｙｅｓ」の積み重ねが必要です。

マイナス思考のお子さんの頭の中は「Ｎｏ」がグルグル渦巻いているのです。

学校＝Ｎｏ、友達＝Ｎｏ、容姿＝Ｎｏ、勉強＝Ｎｏ、自分＝Ｎｏ……という具合に、すべてのことをお子さん自身が否定しているのです。

そんな**お子さんの心の中の「Ｎｏ」を追い払うには、毎日、何回でも、小さな「イエス」を積み重ねるしかありません。**

ですから、あなたはお子さんに対して「イエスマン」になりましょう。とりあえず何を言われても、お子さんに「イエス！」「いいよ！」と笑顔で返し、お子さんの言葉を受け入れてください。

どうしても受け入れられないことを言われたときは、「笑顔で説得」しましょう。例えば、次のような感じです。

「ゴメン、いまお金ないから自分で買ってね！」
「ゴメン、いまお金ないからお金貯まるまで待っててね！」
「さっきのことだけど、○○すると危険だから○○に気をつけてね！」
「さっきのことだけど、○○すると危険だから○○才になるまで待っててね！」

必ず笑顔で理解を求めてください。

それでもお子さんが納得してくれないことがあるかもしれません。

そんなときも、冷静に諦めず、根気よく「笑顔で説得」を続けましょう。

例えば、

「じゃあ、お母さんももう一度考えてみるから、明日また相談しましょう」

「○○は○○したほうが楽しいと思うけど、どう？」

「○○は○○する、という条件付きならいいけど、どうする？」


と提案と質問を組み合わせて、笑顔で説得しましょう。

笑顔は「あなたを受け入れているよ」という肯定の象徴ですから、説得するときほど笑顔で臨みましょう。


次のようにまとめてみましたので、毎日眺めて実践してみてください。

✿自己肯定感を育てる3ステップ

①小さな「イエス」を毎日

お子さんからの提案・要望には基本的にすべて「イエス」で答えましょう。

②質問と決断と行動

親が受け入れられないことは、質問と提案で「笑顔で説得」しましょう。

子ども本人が決断したことに対しては、任せて放っておきましょう。

心配なら「助けが必要なら言ってね！」とだけ伝えましょう。

③結果と責任に「イエス」

成功しても失敗しても決断と行動を称えましょう。

お子さんの気持ちや出来事をしっかり聴いてあげましょう。

お子さんに「イエス」を出すあなた自身が、自分の自己肯定感を高めることも大切です。こちらも忘れないでくださいね。

子どもの背中を押してあげたいと思うことがあるなら…

「外出して気分転換できればと思うけれど、誘っていいものか……」

「子どもに勉強を教えてあげたいけれど、プレッシャーになるだろうか……」

お子さんに笑顔や会話が増え、徐々に元気になってくると、親のほうでも「もっと何かしてあげられたら……」という気持ちが湧き上がってくるでしょう。

でも、それが子どもの重荷になってしまったら……という不安で実行に移せない、そんなご相談もよくいただきます。


小学六年生の息子さんを持つDさんもそんな悩みを相談してこられました。

息子さんは、同級生からのいきすぎた悪ふざけの暴力に傷つき、三年生の2月から休みはじめ、2年間学校へ行っていません。車で遠くへ出かけることはできても、家の近くは門から外へ出ることもできないそうです。

幼稚園からの友人の一人とは週末などに家のなかで遊ぶことがあったり、母親のDさんが段取りをつければ、そのほかの親しい友人数名と遊んだりもするそうです。最近は、担任の先生が週一回訪問してくれたとき、おしゃべりすることができるようになったとのこと。

また、友人と遊んだ次の日に「サッカーしたいな」「警ドロ（鬼ごっこ）がしたい」などと言うようになったそうです。

「夢にも見るというので、〝じゃあ学校に行ってみんなでやったら？〟と言いたいのですが、そうするとプレッシャーになりそうですし、でも、やりたい気持ちが出てきているなら背中を押してあげたほうがいいのではないかとも思います。息子の言葉にどう返したらいいのでしょうか」

Dさんのように、お子さんに対して気を使って、行動をためらってしまう親御さんはたくさんいます。

親御さんの選択と行動は全て、お子さんへの愛が原動力なのですから、もっと自信をもってください。そのうえで覚えておきたいのは、お子さんも小学校の高学年以上になれば、自分で決めたくなる年頃だということ。

ですから、**あなたが「やってあげたい！」と思ったことは、率直にお子さんに聞いてみましょう。**

「お母さん（お父さん）、〇〇しようと思うんだけど、どう？」

「もし良かったら〇〇してあげるけど、どう？」

「助けが必要なら言ってね！」

こんなふうに、具体的に提案してお子さんの意見を聞いてみてください。

お子さん自身、何かしたいけれど、どうしたらいいかわからない、というときや、やってみたいことはあるけれど戸惑っているというとき、はじめの一歩を踏み出すきっかけになるでしょう。

大切なのは、あなた自身が、〝お子さんが助けを求めたい〟と思える状態であるかどうかです。

あなたがいつも元気なら、お子さんが困ったとき、

「そうだ、お母さん（お父さん）に助けてもらおう！」

と考えるでしょう。でも、あなたに元気がなかったら、お子さんは、

「困ったな……でもお母さん（お父さん）には心配かけるから言えない」

となってしまいます。

子どもの力になりたい、と思う親御さんへの私から3つの提案です。

①自分の心と身体に気を配り、いつも「**元気**」でいる

②お子さんの話をしっかり聴いて、お子さんの「**気持ちに共感**」してあげる

お子さんの夢や希望を聴き出して、明確にし、「**応援**」してあげる

③あなたがお子さんに求めることは、あなたが「**手本**」を示す

とてもシンプルですが、意外と忘れがちなことなので覚えておいてください。

子どもが勉強するための最低条件

学校に行けなくても家でできることで、親御さんがお子さんにいちばんやってほしいことといえば、勉強ではないでしょうか。

「休んでいる間の学習の遅れが心配……」

「このままでは、受験もできないのでは……」

こんな心配をされている親御さんも多いことでしょう。

でも、お子さんに対して、

「勉強しないと進学できないぞ！」

「いい学校へ行かないと、将来たいへんだよ」

などというのは、絶対に言わないでください。そんなことをしたら、頭の中が不安でいっぱいになり、たとえ机に向かっても効果は上がりません。

では、勉強のことを言ってはいけないのかといえば、そんなことはありません。やり方さえ間違わなければ、不登校中でも勉強を進められますし、親子のコミュニケーションの手段にもなります。


なによりもまず、学習の最も大切な意味は、

「自分の成長のために努力すること、自分に期待すること」

だということをよく覚えておいてください。

そして、お子さんを焦らせるようなことを言わないようにしてください。それでなくても、お子さんは自分の将来に不安を持っているのですから。


子どもが勉強するために必要な条件は「心技体」の３つです。

くわしく説明していきましょう。

条件1「心」

「僕は（私は）愛されている、必要とされている」という「安心」は、お子さんが勉強するための大前提です。頭のなかが不安でいっぱいでは、どんなに勉強しても効果はあがりません。

ですからお子さんが安心できる環境をつくってください。普段から未来に希望が持てるような言葉かけをしてください。

家族が仲良く幸せそうにしていれば、子どもは安心して勉強に集中できます。

効果の高い学習法の一つに親子学習があります。

親が子どもに勉強を教える、または、親が子どもに勉強を教えてもらう、あるいはその両方を行う、という方法です。

親子学習を行うには、コミュニケーションがとれることが大前提ですので、まだ親子の会話ができない、十分ではない、という場合は焦らずに、2章を参考にしてコミュニケーションをとることからはじめてください。それが近道です。

❀条件2「体」

もし、あなたのお子さんが、

・集中力がない
・根気がない
・キレやすい

に当てはまるとしたら、特に注意して読んでください。

これらは、お子さんの性格によるものとは限りません。むしろ、脳の栄養状態の影響によるものであることも多いものです。脳は全体重の約2％の重さしかないにもかかわらず、全消費カロリーの20％を消費するといいます。

つまり、脳は体の他の部分より、10倍もエネルギーを必要とするのです。

そして、脳にエネルギーを運んでいるのは血液です。

ですから、あなたのお子さんの脳を活性化し、集中して根気よくキレずに勉強するためには、栄養と酸素を含んだ血液を、脳にたっぷり送る必要があるのです。

脳の活性化のポイントは次の2つです。

①血液を流れやすくする食生活

- 十分な水分をとる（ジュース、コーヒー、お茶ではダメ）
- 動物性の食べ物の量を控えてみる（豆腐や納豆など、大豆食品など植物性タンパクはとる）
- 野菜と果物をとる
- サラダなど加熱しない食品で酵素を取り入れる

②酸素を十分に取り入れる運動や生活習慣

- 毎日3回以上、深呼吸をする
- 部屋の換気をよくする
- 週に3日、1日20分以上の有酸素運動（ウォーキング、なわとび等）をする

たったこれだけで、お子さんの集中力や根気がまったく違ってくるはずです。できることからでいいので、今日からためしてみてください。

❀条件3「技」

ここでいう「技」とはコツのことです。効率よく勉強するのにはコツがあります。勉強が苦手、というお子さんのなかには、コツを知らないばかりに失敗して自信をなくしてしまっている子も多いのです。

勉強のいちばん大切なコツは、「わかることからはじめる」こと

ほとんどの教科は、学習の積み重ねが必要で、わからないところがあるとその先はいくら進んでもチンプンカンプンになってしまいます。ですから、わかるところまで戻って、そこから再スタートすることが大事なのです。

もし、お子さんが「勉強がわからない……」と悩んでいるのなら、わかるところまで戻って復習しましょう。たとえ高校生であったとしても、九九が怪しいのならば、小学校の教科書に戻っていいのです。

そのとき大切なのは、

- **わからないことは恥ずかしいことではない（わかろうとすることが大事）**
- **失敗したり、わからないときは、何度でもやり直せばいい**

ということをやさしく伝えることです。

これは、勉強だけでなく、生活や人間関係など、人生すべてにあてはまるコツです。この二つを忘れずに物事に臨んでいけたら、たいていのことはなんとか回っていくものです。

そして、なにより大切なのは、考えているだけでなく行動することです。

ここまで書いたこと、やれそう、と思えたこと、たった一つでもかまいません。毎日続けてみてください。３週間、毎日続ければ習慣になります。そうしたら、次の新しいことにチャレンジしてください。

不登校の解決に欠かせない技術「感情のコントロール」

「なんで言った通りにできないの！」
「なにもあんな言い方しなくたって……」
「他の家は平和なのに、どうしてわが家ばかりこんな苦労が……」

日々の生活の中で、落ち込んだり、悲しくなったり、腹が立つときがあるでしょう。家族のなかで問題があるときは、なおさらです。

それは私も同じです。悲しみや、怒りや、さみしさや無力感を感じることがあります。そして、その度に反省するのです。

「しまった！　また要らぬ感情を選択してしまった！」

そう気づいたら、そのあと3分ほど掛けて、私自身の目標や理想の自分を思い起こします。

「私の人生の目的は世界中の親子を笑顔にすることである」

「私は炎のリーダーである」

「私は面白いパパである」

「私はやる！」

そしてすぐに元気と自信を取り戻します。よほどのことがない限り、私は3分以内に復活するのです（最悪でも翌日には完全復活します）。

まわりからはよく、

「その性格がうらやましい……」

とほめられます（イヤミかもしれませんが）。

でも、私もはじめからそうだったわけではありませんし、嫌なことや落ち込むことを忘れているわけでもありません。そうかといって、根に持っているわけでもありません。私は自分の感情を選択しているだけです。

もともとの私は、落ち込みやすく、立ち直りにくい性格でした。子どものころは何か嫌なことがあると、裏山に登り一日中大声で泣いていました。近所の人たちは、「あ、またサイレンなってる」と言っていたそうです（笑）。何しろ昔は不登校で吃音で対人恐怖症でしたから。

でも、あるときから、ちょっとしたコツで、自分の感情をコントロールできるようになったのです。

なぜ、こんな話をするのかというと、

- 自分らしく毎日を幸せに生きるために
- 子どもに幸せの手本を見せるために
- 子どもに「ママやパパみたいな大人になりたい！」と思ってもらうために

感情のコントロールは欠かせない技術だからです。

つまり、**感情のコントロールは、「不登校解決に欠かせない技術」**なのです。

もし、あなたが、

「自分の感情がままならない……」

「落ち込むと、なかなか立ち直れない…」

「子どもや家族に当たってしまう……」

そう感じることがあるなら、

「私が欲しい感情はこの感情だろうか？」

「私がいま欲しい感情はどんなものだろうか？」

と自分に問いかけてみてください。


その瞬間からあなたの感情は良い方向へ変わり始めますよ。

「感情は選択するものだ」ということを忘れないでください。

不安で眠れない夜のための「6匹のひつじ」

「子どものこと、家庭のこと、学校のこと、そして自分の将来……、考えだすと夜も眠れません……」

あなたにもそんな夜がありますか？

不安で頭の中がいっぱいになればなるほど、同じ考えがぐるぐる回るばかりで、まるで出口のない迷路のよう。そんなときは、前向きなことや建設的なことなんて、何一つ出てこないものです。

そんなときは、「6匹のひつじ」を数えてみてください。

耳を澄ますと、ひつじたちがこんなことを言っているのが聞こえてくるはずです。

1匹め「先のことなんて考えてもわからないよね」
2匹め「わからないことはいくら考えてもわからないよね」
3匹め「だったら明日できることだけ考えよう」
4匹め「明日、子どもと自分を笑顔にすることだけを考えよう」
5匹め「明日、1回でいい、子どもと自分を笑顔にしよう」
6匹め「明日どうやって、子どもと私を笑顔にしようかな？」

思い出してください。
大切なのは、未来を悩むことではなくて、いまできることをすることです。
なぜなら、私たちが生きているのは「いま」だから。
「いま」が繋がって未来になるのです。

不登校卒業までの時間は短ければいい？

不登校を卒業するまでの時間の長さは、その家族それぞれですが、早く学校へ行ければいいかというと、一概にはそういえないのでは……、と思うことがよくあります。

そう思ったいくつかの例を紹介しましょう。

「息子は、中学時代の2年と数カ月の長きにわたる不登校生活にピリオドを打ち、この春から高校で寮生活をはじめました。もともと人見知りしない子でしたが、寮生活も楽しいと報告してくれます。

不登校の理由は、一部の友達と合わなかったのか、中学自体が合わなかったのか……結局よくわからずじまいです。高校は、息子自身が何かを変えたいと思ったようで、〝寮のある学校に行く〟と決め、新たな道に進みはじめたので、親にできるのは息子を信じて見守ること、ですね！

不登校の日々は、悩んで怒っての繰り返しでしたが、息子といっぱい一緒にいる時間があり、たくさん会話し親子の絆を深める日々を過ごせたと思います。

もともと親子で仲良しでしたが、さらに仲良くなったので、高校の寮へ入る前日までたくさん甘えてくれました。だからでしょうか、息子が寮に入っても寂しくないんですよ」

「いま高二の娘は、高一の最後に通信制の高校に転校、その後もなかなか通えず、いまのところ学校へ行ったのは二年生の始業式の日だけです。

でも、転校を決心したことが本当に大きな一歩でした。

それまでの学校が嫌で嫌でどうしても通えず、いまの学校へ転校してからもしばらくは『なんであんな学校に入ってしまったのだろう……』と文句ばかりだったのが、変わりはじめました。それまでの学校の友達への感謝の気持ちがわいてきたり、〝こだわっていたことが実はそんなにたいしたことではなかった〟と気づいたり、〝勉強なんかあんなに一生懸命しなきゃよかった〟と後悔していたのが〝自分のやってきたこともちゃんと意味があったんだ〟と思えるようになったりしたと話してくれました。

気づくと、去年のいま頃の娘と比べると、見違えるほど明るく元気になり、家族と一緒にいても楽しく会話ができて、いろいろなことを本音で話せるようになっていました。買い物やウォーキングなども一緒にしています。本人も、〝いままでの自分より、いまの自分のほうが好き！〟と話してくれます。

もちろん、いいことばかりではなく、ゲームばかりで昼夜逆転がなかなか直らないなか、私もイライラしたり、不安になったりする日もあります。でも、以前に比べると、すぐに気持ちを切り替えて前向きになれ、あまりクヨクヨ考えないようになりました。

そして、娘は来週から3週間、カナダへ語学研修に行くことになりました。

夫が、会社の同僚の娘さんがカナダにホームステイしている話を聞いてきて、『うちの子も英語が好きなんだから、海外に行ったらいい刺激になるんじゃないか？』と言うので、娘に話したところ『行きたい！』と。研修の内容も、向こうでの会話も英語のみ、宿泊は一緒に参加する海外の学生さんと寮生活、私が高校生だったらとてもできないな、と思うのですが、娘はとにかく楽しみらしいです。意外に度胸があるなと、家族みんなで感心しています」

このほかにも、

「反抗期の子どもとじっくり関わることができた」
「いままで話せなかった思いを、親子ともに話し、聞くことができた」
「子どもが本当に幸せそうに笑うようになった」

そんな声がたくさん私のもとに届きます。

そのたびに、ああ、不登校の時間というのは、家族が新しく生まれ変わるために必要な、素敵な時間なんだな、と思わずにいられないのです。

5章

「また行けなくなったら…」

その心配を信頼に変えていきましょう

再発が気がかりなときの体験報告より

不登校がぶり返しそうになったら…

　やっと学校へ行けるようになっても、多くの方が再不登校の不安を抱えています。

　前もってお伝えしておくと、多くの場合、不登校はぶり返します。ぶり返すのが普通なのです。

　だって、考えてもみてください。長い間休んでいたお子さんにとって、学校復帰は大きな大きなチャレンジです。心にも身体にも、しばらく離れていた学校環境に慣れるためのリハビリ期間が必要なのです。

　もし、あなたのお子さんが学校へ行きはじめたのに、また休みがちになったとしたら、あなたはどうしますか？

A いつも通り笑顔でお子さんに接し、話を聴いて共感し、信頼、応援し、お子さんが望む支援をする

B 失望し、お子さんを責め、自分を責め、お子さんの気持ちを理解することなく、登校刺激を続ける

あなたの答えがAなら、なんの心配もいりません。

お子さんは試行錯誤を繰り返しながら次第に学校に慣れ、コツと体力を取り戻しながら、学校へ復帰するでしょう。

しかし、あなたの答えがBなら、不登校へ逆戻りの危険性大です。

本章では不登校の「ぶり返し」についてお話しします。

不登校のぶり返し、3つの原因と対策

実は、「不登校」がぶり返してしまうのには原因があります。
もちろん対策もありますのでご安心ください。

①学校に行きたくない理由がある

お子さんの心の中で、過去に学校で体験したつらい記憶の整理と対策が十分できていない。

対策 お子さんの話を繰り返しよく聴いて、つらく苦しい気持ちに共感し、同じことが起きたときの対策を立てる。

②学校に行きたい理由がない

学校で受ける様々なストレスに耐えてまでがんばりたいと思える魅力がいまの学校にはない

対策 お子さんがいまできることや興味があることに共感することで、学校と夢（将来）のつながりをイメージできるように支援する。

③心の充電ができない

心をすり減らしながらがんばって登校しても、心の充電ができないから続かない

対策 毎日、お子さんの気持ちに共感し、がんばりを認め、労ってあげる。

3つの対策全てに「共感」が入っているのに気づいたでしょうか？

そう、対策のポイントは共感です。

お子さんにどれだけ共感できるかによってあなたが、

①味方なのか？
②評論家なのか？
③敵なのか？
が決まるのです。

あなたがお子さんの味方でいたいなら、次の「共感ＮＧワード」はできるだけ使わないようにしましょう！

共感ＮＧワード

「でも」
「だけど」
「ダメ」
「あなたにも悪いところがある」

その代わり、次の「共感ワード」を使いましょう！

共感ワード

「そうだよね〜」

「そうそう！」

「いいよ！」

「お母さん（お父さん）もそう思うよ！」

ぶり返しは「親子関係改善」「本当の原因を見つける」「お子さんの心の成長」のチャンスでもあるのです。

受験で燃え尽き気味、新しい学校での再発が不安なとき

不登校の原因が学校にあった場合、一つの選択肢として学校を変えるというものがあります。学校へ行けない物理的な要因を取り除くことができれば、不登校も解消する可能性があります。

新たな世界への一歩は、心躍るものであると同時に、未知なる環境でやっていけるだろうか、という不安があるのも当然のことと思います。

息子さんが高校入学を機に、不登校になられたHさんもそんな心配をされるお母さんです。

高校受験の際、第一希望の公立高校に落ちてしまった息子さん。併願の私立高

校に入学しますが、進学校の雰囲気に合わず、勉強もついていけず、やりたかった部活にも入れず……といったことが重なり、ゴールデンウィーク明けから不登校になってしまいます。

公立高校へ転学したいという本人の希望で、夏休みに転学試験を受けることになり、息子さんもやる気をとり戻していた矢先、試験1週間前に突然、公立高校から転学を却下されてしまいました。転学の出願をした時点で私立高校は退学の扱いとなっていて戻ることもできず、息子さんはひどく落ち込んで部屋に引きこもって出てこなくなったそうです。

途方にくれていたとき、拙著『不登校から脱け出すたった1つの方法』に出合い、いままでの接し方を見直してこられたとのこと。

その後は、Hさんの対応が功を奏し、息子さんは少しずつ部屋から出てきてリビングで過ごす時間が増え、親子の会話も復活。秋には本人の口から「公立高校を再受験したい」という言葉も出るようになります。

初めに目指していた高校からはランクは下げたとはいえ、不登校や引き込もりでまったく勉強していなかったブランクを取り戻すべく勉強し、次の春には、目標の公立高校に無事合格しました。

「今日は入学式です。本当に、ここまでこれたこと、感謝しています」

そう綴られたメールには、しかし、入学後の不安が続いていました。

「息子は、春休みに出された課題をやらないばかりか、購入した教科書や物品も放りっぱなしで、確認も記名もしません。また昼夜逆転やスマホ依存も相変わらずです。このままでいいのか心配になります。余計な口出しはせずに、信じて見守りたいと思っていますが、どこまで放っておいたらよいかわかりません。まかせておけば改善していくのでしょうか」

Hさんの息子さんのように、不登校と受験というダブルの困難を乗り越えていくお子さんは、たくさんいます。

本人にその力があったのはもちろんですが、その力を引き出してあげたのは、

Hさんなどご家族です。自信をもってください。

せっかく合格した学校にお子さんの意識が向いていないと、とても心配でしょう。でも、ちょっと考えてみてください。

Hさんの息子さんは、一時期ひきこもりになるほど落ち込みました。それでもがんばって、目標の高校（目標を下げたとはいえ）に合格しました。

息子さんは精一杯がんばったのです。そして目標を達成し、同時に目標を失い、力尽きたのです。燃え尽きた、といってもいいでしょう。

こういった場合、お子さんに必要なのは、

①心の休息と充電
②新しい目標
③人生の目的

です。
②の目標とは数カ月〜3年ほど先までのやりたいこと、やるべきこと、なりた

い気分などです。

③の目的とは数十年先の将来、自分がどうなって、どんな気分でいたいかということを指します。

お子さんが心の休息と充電を果たし、新しい目標と人生の目的に出合えるように、お子さんに対して、親御さんからしてあげて欲しいことは、次のとおりです。

■お子さんにあなたの本当の気持ちを、何度でも伝える

「お母さんはあなたに学校に行って欲しいと思っている」「健康のために規則正しい生活をして欲しいと思っている」、だけどお母さんの本当の願いはあなたが笑顔でいること。「お母さんはあなたの力になりたい！」「何かお母さんにできることはある？」ということを伝えてあげてください。

■お子さんの努力をたたえ、がんばりを認めてあげる。何度でも口にする

お子さんはわずかな期間に挫折と拒絶を乗り越えて挑戦し、目標を達成したのです。思いっきりほめてあげてください。

■どうしてがんばれたのか、その理由を聴いてあげる

お子さんがこれからもがんばるためには、がんばる理由が必要です。そのヒントはこれまでのお子さんのがんばりの中に隠れています。

■お子さんがいい気分（元気）になる話題で話しかける

お子さんは、過去のどんな話題を話すといい気分（元気）になるか観察し、実践してください。そしてお子さんが話に乗ってきたら、しっかり聴いてあげてください。お子さんの自己重要感が高まり、元気が回復していきます。

■お子さんの機嫌がいいときにお母さんの夢を聴かせてあげる

そして、お子さんの夢も聴いてあげてください。

「応援するよ！」「力になるよ！」と言ってあげてください。何度も何度も。

■目標や夢を達成するために、いまどんな行動が必要か質問してあげる

行動が明確なら、「力になるよ！」と言ってあげてください。

行動が明確でないなら、行動が明確になるよう質問してあげてください。

例えば、

「いまのあなたの習慣は目標に近づけるかな？」

「目標に近づくためにはどんな行動・習慣が必要かな？」

などです。

こうした働きかけによって、燃え尽きてしまったお子さんも、エネルギー（元気）を充電していくことができます。

それが、新しい世界へ踏み出していく一歩につながるのです。

学校へ行きはじめたときほど、気をつけること

前の項目でお話したのは、主にお子さんにエネルギーを与える働きかけですが、これらと同等以上に、次の「**エネルギーを奪わない心がけ**」も大切です。

■お子さんに関することで隠しごとをしない。良いことも悪いことも

あなたの心の中は息子さんには丸見えです。たとえ隠そうとしてもあなたの感情はバレバレです。隠さず正直に言葉で伝えましょう。

そして、最後に「でもいちばん大切なのはあなたの笑顔」と伝えましょう。

■お子さんに関することは、お子さんに決めさせる

思春期を過ぎたお子さんは、もう大人です。

自分で決めたこと以外は行動に移せません。

■お子さんが望む手助けだけを無理のない範囲でする

望まない手助けは邪魔にしかなりません。

また、あなたにとって無理がある手助けは続きませんし、お子さんの元気を奪います。必ずお子さんが望む手助けを無理のない範囲でしましょう。

不登校のぶり返しが気になるときほど、徹底して行ってみてください。


ご相談いただいたHさんからは、入学から1カ月経ったころ、息子さんの近況報告がとどきました。

…………………………


「シンプルでわかりやすい言葉と対処方法、たいへん参考になりました。

息子は小さい頃から口数が少なく、自己主張もあまりしない子どもで、いまでも考えていることや本人の希望もわかりづらいのですが、できることから始めてみたいと思います。

息子の入学式から1カ月が経ちました。最初の1週間は完璧な高校生をやっていましたが、ゴールデンウィークの中日の2日間を体調不良で休んでしまいました。去年もゴールデンウィーク明けから不登校になったので、正直、不安がよぎりました。でも、アドバイスを胸に元気になるような声かけにつとめました。

すると、その翌日からは部活に行き、ゴールデンウィーク明けからはまた学校へ行き始めました。

息子が学校へ行っていることがこんなに嬉しいことだと気づいたのは、不登校の挫折があったからだと思います」


ほかにも、Aさんはお子さんに、学校以外の場所にも居場所があることを伝えることで、不登校から抜け出しました。

「不登校になったときは不安いっぱいで苦しくて苦しくてつらかったですが、

うちの場合はフリースクールに通うようになって少し気が楽になり、途中から学校の相談室にも通うようになって、だんだんと行けるようになりました。

小学校二年生は仲良しのお友達と同じクラスになり、学校やフリースクールの先生方がいろいろと考えてくれて、戻れる環境にして頂いて、周りの皆様のおかげでなんとか乗り越えられました。

いま思うと不登校の時間は心の休息だったのかなと思います。家にいるときはDVDを観たり、スポーツゲームばかりしていました。外に出られるようになったら、母息子でお出かけをしました。綺麗なイルミネーションや映画を観たり、おもちゃ屋に行ったり、心が楽しくなるようなことをなるべくしました。

いままで当たり前のように生活していたことができなくなるのはつらいことですが、いろんなことに気づけたような気がします。

大切に思うことや、ちょっとしたことでも感動したり、忘れていた気持ちを思い出したり……。これからもいろんなことがあると思いますが、前向きに行動していきたいと思います」

不登校のまま卒業してもいい？ 卒業式はどうする？

進学なども、不登校から卒業していくひとつの転機になります。

親御さんにしてみたら、区切りのけじめはしっかりしたほうがいいのではないか、という気持ちがあるかもしれません。

特に中学受験などで無事合格し、地域の中学には行かない場合などは、これまでの友人とのお別れも含めて、出席しておいたほうがいいのではないかと心配になることが多いようです。

「不登校のまま、以前の学校をあとにしていいものだろうか」

「卒業式は、がんばって出席したほうがいいのでは……」

そんなご相談もたくさんいただきます。

卒業を控えた時期に、登校や卒業式への出席を話題にするなら、

「登校どうする？」

「卒業式どうする？」

だけで十分。決めるのはお子さん自身です。

特に、新しい進学先を楽しみにしているお子さんの場合、これまでの学校のことはすでに過去のことになっていることがよくあります。たとえ親御さんが、

「後になって、子どもが卒業式に出なかったことを後悔したら……」

と心配したとしても、それはお子さんの問題。いまのお子さんからすれば、

「余計なお世話」になってしまうのです。

もし、実際に後になってこのころを振り返ったとき、

「やっぱり卒業式くらい出ておけばよかったな」

と思ったとしても、それも、お子さんが積んだ経験の一つです。

卒業式に出ても、出なくても、そこから感じ、学ぶことも多いと思います。

ですから、お子さんの決断を信頼して、見守ってあげましょう。

無事に次の一歩を踏み出したSさんも、不登校のまま卒業しました。

「娘は小六で、不登校のまま卒業を迎えます。私自身、最近になってやっと娘の現実を正面から受け止められるようになり、娘がいつも笑顔でいてくれることが幸せなのだと思うこともでき、だいぶ気持ち的に楽になりました。

そんな中、思い切って引っ越しをすることにしました。環境を変えるのはもちろんですが、一番の理由は元々の指定校ではない中学校に通わせるためです。

本人からその中学校に通いたいという意志表示があり、私も賛同しました。不登校になってから、全てにおいて『どうでもいい』のひと言で済ませようとする娘がいたので自分で決めて中学校に行く！　と言われたときはビックリしましたが、涙がでるほど嬉しかったです。

あまり期待をするとプレッシャーになり、学校に行く気持ちを萎えさせてしまいそうなので、そっと娘を見守りたいと思います」

つい心配してしまうとき、親が思い出すべきこと

子どもの心配をしない親はいません。生まれたばかりの何もできない赤ちゃんのころから、いちばん近くで見守ってきたのですから当たり前のことです。

ただ、子どもは成長して、いつか大人になります。

強い大人になってほしいと思うなら、親が子どもにできるのは心配ではありません。親が子どもを強くするもの、それは子どもに対する「信頼」です。

「心配」はやめて「信頼」しましょう。

心理学的には、「心配は失敗を期待するのと同じこと」です。

親が子どもを心配すればするほど、子どもは、

「お母さん（お父さん）は失敗すると思ってる」

と感じてしまうのです。

お子さんが自分で決めて「やる！」と言ったことに対しては、できる限り応援しましょう！

人生経験の豊富な親から見れば、失敗が目に見えるようなときもあるかもしれません。それでも、アドバイスは自分の体験を語る程度にして見守るのです。

人は失敗からしか学べません。お子さんに学ぶ機会（失敗する機会）を与えてあげてください。お子さんの成長には失敗や後悔も必要なのです。

「頭ではわかるのですが、立ち直れないような大きな失敗をしてしまうのでは……という心配がぬぐえなくて……」

そんな心配性な親御さんへ、大きな失敗をしないコツをお教えしましょう。

大きな失敗をしないコツ、それは小さな失敗をたくさんすることです。ですから、お子さんに小さなことから、どんどんチャレンジさせてあげる必要があるのです。お子さんは失敗するでしょう。失敗して落ち込むでしょう。

そのときまた、寄り添い、励まし、共感し、承認し、一緒に泣いて、一緒に笑ってください。そうやって、子どもは成長していきます。

信頼して見守ることはかんたんなことではありません。親もつらい気持ちになることもあるでしょう。ですから、親も一緒に成長してください。

前進したり、逆戻りしたりの日々だと思います。中二の娘を持つYさん。

「昨年の9月から保健室登校になり、11月から学校へは行ってません。学校へは行かなくていい、違う人生を歩けばいいと腹をくくってからは少し娘も親も気が楽になり笑顔で過ごすことができるようになってきました。

しかし、ここ最近はまた逆戻りの気配が……。本当は学校へ行きたいのです。修学旅行も文化祭もやりたいんです。やりたいことがあるのにできない自分があり、それをやらせてあげられないことに親は落ち込んでいます。

でも私が落ち込みそうになったとき、娘の不安が大きくなりそうなときは、大きく深呼吸して『お母さんがんばれ』と自分を励ましてから娘に接するようにしています。
昼夜逆転の時期もありました。わけのわからない苛立ちから壁をどんどん叩くこともありました。暇で何もすることがないということはしばしばです。そんなときは『何もすることはないよ、何かしたくなったらすればいい。何かしなくちゃならないと自分を追い込むから疲れるんだよ』と言ってやります。すると娘は『うん』と言ってニッコリ笑います。明日が娘にとって幸せになるように、今日がんばろうと思いながら毎日過ごしています」

こういう時間を一緒に過ごすことで、親子の絆と信頼は深まるのです。
それと同時に、自分自身への信頼（自信）も深まるのです。
親子で一緒に、成長し、信頼し合い、自信をつけていってくださいね。

不登校を卒業していく家族が必ず言う言葉

不登校のぶり返しがあっても、「この家族は大丈夫だな」と思える方たちが、共通して言う言葉があります。どんな言葉だと思いますか？
もう、わかっている方もいると思いますが、いくつか声をご紹介しますので、読みながら考えてみてくださいね。

「長い不登校生活を経て、新学期から登校できています。
これまで、新学期を迎えるたびに、何度登校に挫折したでしょうか。
落ち込んで引きこもっている間は、勉強はまったくせず、ネット漬けの日々。
そんな状況をゆるし、私たち親は、ずいぶんわがままも聞きました。

自分自身を解放しているかのように、やりたいことだけしたい放題の生活に、私たちも正直、このまま怠惰な生活に慣れて立ち直れないのでは……という不安もよぎり、忍耐の限界がきそうなときもありましたが、菜花先生の言葉〝放っておく〟を心に、いつかはと信じ、とにかく見守る日々でした。

ある日、突然、『ネットも飽きた』とひと言。チャンス到来と、娘の意見を聞きながら習い事の再開、春休みには1時間だけ学校に行く練習、と本人のペースでひとつずつできることを積み上げていき、新学期には友達に背中を押されて教室へ。登校できたことが何より大きな自信へとつながったのでしょう。その後も学校へ行くことができ、なんと修学旅行にも行くことができました！

長い長い時間をかけて、娘から気づかされたことは、親が変わらなければ子どもも変わらないこと。そして、放っておいても、いつか子どもは成長すること。

私たち以上に、娘は長く苦しい日々を送っていましたが、精神的にひと回り成長し、自分で考えて行動する自立の一歩を踏み出したようです」

「ご無沙汰しています。この冬は長女の大学受験もあり、不登校の次女は〝放っておく〟を実践。月2回程度のスクールカウンセラーの先生と担任の先生との面談には親子で通っており、春休み前の面談のときも『三年生になっても学校に通うつもりはない。でも高校には行きたいので、通信高校を考えている』と言っていました。

ところが、春休み中に突然、『新学期は学校に行ってもいいかなと思っている』と言いだしたのです。そうはいってもどうかな〜、でも、そう思えるようになったことが成長だな〜と喜んでいたのですが、今日の始業式、無事に学校へ行くことができました。

前日から準備をして、『明日は朝起こしてほしい』というので、『もちろん！たぶん朝は眠いし機嫌も悪いだろうけど、行きたい気持ちがあるのなら、お母さんは全力で起こすからね、支度も手伝うよ！』と言うと、『よろしくお願いします』と。翌日はすんなりと起きて準備も万端。『いってきまーす』と笑顔で出かけて行きました。さすがに帰ってくると、『疲れた。緊張で胃が痛い』と言っていましたが、夜には宿題が出ているからと、机に向かっていました。

次女の不登校をきっかけに、菜花先生の本に出合い、自分のいままでの考え方、生き方を改めて見直し変えさせられました。

これまでは、〝こうでなくてはいけない〟という思いがいつもあり、子どものことを考えているようで、そうではなかった気がします。いまは子どもの話をよく聞き、否定はせずに良いところはすぐほめるなど、関わり方が変わりました。

大学受験の長女に対しても、精神的にイライラしているときなど、ゆったりした気持ちで接することができました。

次女の再登校もまだ初日を迎えただけで、この先どうなるかはわかりませんが、子どもを信じて見守っていきたいと思います」


「高三の娘は、出席日数、取得単位数は最低ラインでしたが、無事高校を卒業できました。いまはアニメーターになりたいという夢に向かって専門学校に通っています。入学してからやっと1週間、いまのところは新しい環境に慣れるべ

くがんばっているようです。

長い人生でまた何らかの壁に当たるかもしれませんが、娘も徐々に強くなっていってくれると信じています」


……………………


不登校から脱け出していくご家族が必ず口にする言葉、それは、

「放っておいても、子どもはいつか成長するんですね」

「この先も人生の壁にあたることがあるだろうが、子どもの強さを信じて、見守っていきたい」

この二つの言葉です。

そう、親御さんご自身も〝放っておけない症候群〟から脱け出し、不登校から卒業されていくのです。

6章

「子どもに幸せな人生を送ってほしい…」

忘れないで！
親ができるいちばん大切なこと

親が幸せになったら子どもが元気になった体験報告より

「不登校は親の問題」の本当の意味

長年、不登校のご家族と接してきてわかったことがいくつかあります。その一つが、「不登校は親の問題」だということ。

とはいっても、責めているのではありませんから、安心してください。

むしろ、親子の絆を再確認させられ、私自身が温かい気持ちになって、

「そうだ、これからもたくさんの家族を笑顔にするためにがんばろう！」

と勇気づけられるのです。

私が何度も何度も気づかされるのは、

「子どもは不登校になることで、親にチャンスを与えてくれていること」

「親自身もまた、幸せをあきらめていないこと」

この2つの事実です。

「お母さん、お父さん、もっと幸せになって！」

子どもはこのメッセージをつねに親に送っています。

伝え方は「不登校」というつたない方法ですが、子どもはいつでも親への愛を懸命に発信しているのです。

この章では、子どもの幸せを願う親が、けっして忘れてはいけない、

「まず、自分が幸せになる」

ということにスポットを当ててお話ししていこうと思います。

「幸せの手本になんてなれない」という あなたへ

「お子さんの不登校を解決するいちばんの近道は、あなた自身が幸せになり、お子さんのお手本になることです」

こうお伝えすると、なかには頭を抱えてしまう方がいます。

「楽しむことを見つけようと思うのですが、生活が苦しくて……」
「自分自身を好きになれないのに子どもの手本になるなんて、とても……」

お子さんの不登校の話題から、親御さんご自身の悩みをお聞きすることになる機会がたくさんあります。

「朝起きたとき、不安と絶望でいっぱいになります」

そんなSOSのご相談をくださったのは、娘さんの不登校で悩むNさんです。

娘さんは小学校の頃から頭痛持ちでしたが、続けて休むようなことはなかったとのこと。それが中学に入ってから、定期テストなど勉強が大変になったストレスのせいか、頭痛、吐き気、腹痛などの体調不良を授業中に起こしてから、学校へ行けなくなりました。

ストレスからか髪の毛を抜いてしまうこともあるのですが、病院が大の苦手で心療内科はおろか、普通の内科へも行かないそうです。

家ではNさんができるだけほめたり、明るく振るまったりすることで、体調不良も落ち着き、機嫌のよいときは好きなアイドルのことを話しかけてくることもあるとのこと。

ただ、娘さんがせがんだDVDを買うのを断ったり、SNS上で知り合った人と会うのを許可しなかったりすると怒り出してしまうそうです。

……「昼夜は逆転だったり不規則だったりで、ゲーム、SNS三昧です。菜花先生からの〝ゲームは時間やルールを協議して決めましょう〟というアドバイスも、信頼関係がないせいか、その話になると、うるせーといって無視されます」

勉強ができない娘さんのことを心配され、こんな不安も語っています。

「正直、不登校克服の体験談を読んでいると、もともと勉強がある程度できる子は学校以外で勉強して社会に適応する可能性はあるけれど、勉強が全くできない不登校児は自信をつけるのが難しいのではないでしょうか。学歴がなく、勉強が苦手なのが私自身の弱みで恥ずかしく思っているので、娘も勉強ができないままで、元気に学校に戻れるとはとても思えません」

そんな娘さんの不登校のお悩みでしたが、話を聞き進めていくと、母親のNさんご自身が、同居する義母の入院、夫の商売の失敗による負債、離婚、そして、ご自身のリストラ……と、とてもつらい状況に悩みながら、日々の生活のためがんばっている姿が見えてきました。

「ここ数年の間に立て続けに起こった転落は、これまでのツケを払わされているようで、自信を失いました。

いちばんショックだったのは、20年勤めた会社をリストラされたことです。これまで正社員の座にあぐらをかいて、スキルアップの努力を怠ったことや、学生時代から勉強から逃げていたこと、すべて身から出たサビです。勉強ができない娘のことを心配していましたが、当然の結果ですね。親が抱えた問題から逃げていると子どもが同じ壁にぶつかる、といいますが、まさにその通りです。

自分の性格も好きではありません。人と接するのに距離をおいてしまい、そのくせ、人の動向が気になり寂しくなります。こんな弱くて気分屋な性格が本当にいやで変えたくてがんばるときもありますが、なかなか変わらず殻に閉じこもるときもあります。

こんな自分一人変えられない私が、どうして娘に明るい未来を示せるのかと不安でいっぱいです」

Nさんからのお便りを読んだときの私の第一印象は、「まじめな方」、そして、「自分に厳しい方」というものです。

こんなにもつらい経験をされながらも、日々の暮らしを支え、笑顔で娘さんに接しながら不登校という問題に取り組んでいるNさんは、けっして怠け者でも弱くて気分屋な方でもありません。Nさんのように、つらい環境の原因をすべて自分のせいと思ってしまう自分に厳しい方は、たくさんいます。

そういう方に、

「まずあなたが幸せになりましょう」

「親が幸せの手本になってください」

といっても、その言葉が心に沁み込んでいかないばかりか、負担になってしまうことがあります。

私はNさんに、次のようにお伝えしました。

もし、あなたが「幸せの手本になる」ことにプレッシャーを感じているのなら、「幸せの手本になる」ことはやめても構いません。

その代わり、あなた自身が幸せになることを許してあげてください。

自分を好きになることを許してあげてください。

ときどき自分の殻に閉じこもってしまうことを許してあげてください。

落ち込むことも、勇気が出ないことも、気分屋なことも許してあげてください。

あなたはあなたのままでいいのです。

いまのあなたのままで、幸せを感じてもいいんです。

それがいまのあなたにいちばん必要なことだと思いますし、お子さんの願いでもあります。

お子さんがしている髪を抜くという自傷行為は、お子さんが自分を許せないからです。自分を許せないから、自分に罰を与えたり、自分が傷つく言葉を使ったりするのです。

もしかすると、あなたも同じではありませんか？

あなたも自分に罰を与えていませんか？
あるいは、罰を受けて当然、などと思っていませんか？
もしそう思っているとしたら、
「お子さんはあなたが罰を受けることを望んでなどいない」
ということに気づいてください。
なぜなら、お子さんはあなたを愛しているからです。

あなたは幸せを感じるため、愛されるために生まれてきました。
それは、「いつか自分が変われたら……」ではなく、いま、この瞬間からです。
あなたは、いま幸せを感じていいんです。
いま愛されていいんです。
あなたは愛されています。
とても大切なこの事実を忘れないでください。

「○○できないから自信がもてない」のではありません

「勉強ができなければ、学校へ戻ったとき、そして、将来社会に出たとき、自信をもってやっていけないのでは……。親である私自身、勉強が苦手で逃げていたことでリストラされ、自信も失ったので……」

このNさんの不安についても、お話ししましょう。

「勉強ができること」と「自信をもつこと」の関係性について、Nさんと同じように誤解されている方は多いと思うので、よく聞いてくださいね。

「勉強ができないから自信が持てない」のではありません。その逆で、「自信がないから、希望が持てず、勉強の意味が見いだせず、勉強が手につかない」のです。

お子さんが自信を取り戻し、未来に希望を見つけ、目標を持てるようになれば、その目標を達成するために必要な勉強を自ら進んでするようになります。

ですから、お子さんが勉強するために必要なのは、自信＝自己重要感です。

そして、そのスタートラインが、

「親であるあなたが自分を許し、ありのままのあなた自身を受け入れること、そして、あなた自身が自信を取り戻すこと」

なのです。

この場合の自信というのは、**「自分は愛されている」**、**「自分は幸せになる価値がある」という自信**です。

これは勉強に限らず、人生のすべてに言えることです。

×「キレイだから自信がある」→○「自信があるからキレイになる」

×「仕事ができるから自信がある」→○「自信があるから仕事ができる」

ですから、自信がない、という人は、まず、自分自身を許して受け入れてあげてください。そして、いまこの瞬間から幸せになってください。

Nさんへメッセージをお送りしたところ、熱い気持ちの綴られたお返事をいただきました。一部ご紹介しましょう。

「〝いまのあなたのままで幸せを感じていいんです〟

このメッセージ、号泣してしまいました。自分を許す。こんな状況でも幸せを感じていいんだなんて、考えもしませんでした。

それから、

〝あなたは罰を受けて当然などと思っていませんか？

娘さんはあなたが罰を受けることを望んでいませんよ〟

ご指摘のとおりで衝撃でした。大した苦労もせず進学、就職、結婚、子どもを授かり、なのに感謝するどころか不満ばかりの自分……。人生のツケを払っている、罰が当たった、そう思っていました。その責任を娘が感じていたとしたら、なんてかわいそうなことをしたのでしょう。

それから、これまで娘がやりたいと言ったときしてやれなかったピアノやスイミングなど、子どもの自信をつけさせてやれなかったと後悔し、いまもSNSやアイドル以外に興味を示してくれないかと心配ばかりでしたが、

〝子どもに必要なのは自信=自己重要感で、そのスタートラインは親自身が自分を許し、ありのまま受け入れること〟

これも思ってもみませんでした……。まずは、私から、なのですね。

気持ちを楽にして幸せになり、自信を取り戻したいです」

がんばることより大切なこと

いつもがんばっているあなた、がんばることより大切なことがあります！
それは……「楽しむこと」！

あなたもお子さんも、いままで精一杯がんばってきました。それでもいま望み通りの結果が出ていないのだとしたら、いまのあなたやお子さんには、がんばることより、楽しむことのほうが必要なのかもしれません。

Oさんはご自身も働きながら不登校の娘さんを支援してきたがんばり屋のお母さんです。娘さんは六年生の11月から学校へ行けなくなりましたが、「卒業式は出なければ」という思いからがんばって出席し、ぶっつけ本番ながらも立派にこなしたそうです。
ただ、みなが楽しそうに写真を撮り合うなか、誰とも話すこともなく、Oさんと二人で教室に残った荷物を取りに行き、最後の花道を一人だけ休んでいたときの荷物を抱えながら歩く姿は苦しそうだったと言います。そんな娘さんを見てOさんは「本当に立派だった。私だったらできなかったかも。本当に強い」と感心します。
帰宅後、「行かなければよかった」と娘さんはぽつりと漏らしたそうです。Oさんはその言葉に胸が張り裂けそうになりながらも、「それでも、きっと卒業式に出席しない後悔よりも、出たことで得たものはたくさんあったと思います」と振り返ります。

……………………………

「昨日は中学の入学式でしたが、初日から苦手な発表をやらされたことで、担任の先生が嫌だ、と漏らしています。思春期ということもあってか、自分は可愛くないから誰にも好かれないといつも下を向いて歩いています。とにかく何もかも自信がなく、マイナス思考です。今日は学校へ行きましたが、元気がなく、……食欲もありません。いつまた学校に行けなくなるか、親子で不安な気持ちです」

Oさんのご相談に、まず私は、

「お母さん、娘さんともにがんばり過ぎて少し疲れていませんか？」

と質問しました。がんばり屋の親子はたくさんいますから、ぜひ知っておいてほしいことがあります。

私たちはがんばり過ぎたり、がんばり続けると、やがて疲れてしまいます。がんばることが誰かのためだけになっていると続きません。

でも、がんばることで自分自身が楽しめると疲れ知らずで続けられます。

ですから、一息ついて、「楽しむこと」を始めてみませんか？

そして、ご自分へご褒美をしてみませんか？

なぜ、私がこんな提案をするのかというと、人は、自分へのご褒美を長いこと忘れていると、自分を喜ばす方法を忘れてしまうからです。そして、自分を喜ばす方法を忘れてしまうと、大切な人を喜ばす方法も忘れてしまいます。

あなたはお子さんや大切なご家族を喜ばせていますか？
「このごろ○○の笑顔を見ていない気がする……」
そんなふうに感じているなら、自分を喜ばすことから始めてみましょう。
誰からどんなふうにされたら、嬉しくて泣いちゃいますか？
誰から何と言われたら、「生きててよかった！」と思いますか？
浮かんできたイメージを、ぜひご自身に向けて実行してみてください！

わたしの冊子を取り寄せ、おかあさんの元気な笑顔が大切だと気づいたHさんも、息子さんの不登校に終止符を打ちました

「不登校が始まった二学期後半の顔や眼は本当に暗いものでした。冊子を送っていただき、少しずつ実践したところ、息子は食事を家族と一緒にとり、お笑い番組などを見ては一緒に笑うようになりました。ただ夜は寝付きが悪く、朝もなかなか起きられず、登校時間になると『行けない…』と、暗い顔に戻っていました。

毎朝熱心に迎えに来てくれていた親友にも『来なくていいから』と自分で断ってしまい、息子の前では元気に振るまっているつもりでも、いつまでこんな生活が続くんだろうと暗く重い気持ちが続いていました。

2月のスキー教室も参加できませんでしたが、担任の先生から、『みんな居ないけど教頭先生に話してあるから学校に来てごらん』と言われ、出かけて行きました。

誰も居ないガランとした教室で寂しさを感じたらしく、教室にはまだ入れないけど、戻れるようになりたいんだと先生にお願いして、応接室へ通うようになりました。

朝から行ける日もあれば、昼近くにしか行けない日もあり、給食も食べられずに帰ってきたりしていましたが、学年の先生が空き時間に勉強をみてくれるなどの自習を経て、何とか修了式へたどり着きました。

自習に通い始めた頃、怪我が原因で途中でやめてしまった部活について『本当はやめたくなかったんだ』と話し出したことがあり、『あ、これ（部活のこと）

が心のどこかにひっかかっていたんだ。やっと息子は本音を話し出したな』と感じました。

『高校へ行ったらまた部活を始めるんだ』という息子に『いいじゃない！　がんばってみなさい！』と応援すると、うれしそうな顔をみせました。

春休みをはさんで、どうなることかと内心ドキドキでしたし、始業式当日、息子も家を出るまでは『あ～緊張する～！』と不安そうでしたが、迎えに来てくれた親友と一緒に登校し、帰ってくるなり、親友と一緒のクラスになれたこと等をうれしそうに話し、『明日からも学校行けるよ！』と言ってくれました。

不登校から4カ月半。短いほうだったかもしれませんが、私には本当に長い冬でした。

『お母さんが元気でなければ……』というのは、本当にそう思います。学校へ行けたから、これですべて終わったとは思っていません。また他のことで悩む日が来るかもしれませんが、私はこれからも元気にニコニコしていたいと思っています」

お子さんは毎日がんばっているあなたの背中を見て「自分もがんばらなくては！」と思ってきたのです。お子さんがつらい状況のなか、がんばってこられたのだとしたら、それは親御さんのがんばりの成果です。

それでもいま、望み通りの結果が出ていないのだとしたら、いまのあなたやお子さんには、がんばることより、楽しむことのほうが必要なのかもしれません。

これまでのがんばりは認めたうえで、今日からは、「楽しみながらがんばれること」を探していきましょう。

親子で笑顔になる7つのルール

「自分の時間がない！」

そんなふうに感じることありませんか？


「子どもと向き合いたい」

「そばにいて見守りたい」

「少しでも助けになりたい」

でも、自分の時間を削って子ども最優先の生活なんて、長続きしないのです。

誰かのためにがんばり過ぎると、たとえそれが大切な誰かのためであっても、
心が疲れてしまうのです。

あなたがもし、

「自分の時間がない！」

と感じることがあるなら、いますぐお子さんとの時間の使い方を見直しましょう。


「そう言われても……」

「子どもの気分や体調に振り回されて……」

そんな声も聞こえてきそうですね。まず、最初にこう決心してください。

「これから私は自分の命を子どもの命と同じように大切にします！」

こんな話をすると、

「えーっ！　子どものほうが絶対大事！」

「子どものためなら私はどうなっても……」

そう思う人もいるでしょう。私にもその気持ち、わかります。

でも、もし、お子さんがそれを聞いたら、悲しい気持ちになると思いますよ。

だって、お子さんにとってあなたは世界で一番大切な人なのですから。お子さんは決してあなたの自己犠牲なんて望んでいないのです。
お子さんはあなたの幸せと笑顔を望んでいるのです。だから、決心してください。「これから私は自分の命を子どもの命と同じように大切にします！」と。

命とはつまり、時間です。
あなたの大切な命＝時間を、お子さんとあなた自身を笑顔にするために使ってください。

具体的には7つのルールで自分の予定をカレンダーに記入するだけです。

❀自分の時間を作り出し親子で笑顔になる7つのルール

①「私は自分の命を子どもの命と同じように大切にします！」と決心する
②「自分の時間」の重要性を再認識する（なぜ自分と子どもと家族のために「自分の時間」が必要なのか？）

③必要な「自分の時間」を計画する（1回何時間？　週何回？　月何回？）
④1カ月先まで自分の予定をカレンダーに書き込み家族に見える場所に貼る
⑤子どもや家族に予定を説明し、協力に対して感謝の言葉を伝える
⑥生命の危機がない限り予定は変更しない
⑦「自分の時間」の結果を家族にシェアし、感謝の言葉を伝える

大事なポイントは、⑤と⑦です。

・感謝の気持ちを言葉でハッキリ伝えること
・「自分の時間」によってあなたがより元気で笑顔になること

自分の時間をコントロールできるようになると、ストレスやイライラが減るだけでなく、いままでよりもっとお子さんを助けてあげられるようになるのです。

いまこの瞬間から人生を変えるために、真剣に考えてみるべきこと

親だったら誰だってわが子に、

「自己重要感が高く、元気で、いつも笑顔で、のびのびと、楽しく暮らして欲しい！」

と願っていると思います。

でも……、「自分はどうなの？」って聞かれたらどうでしょう？

「私も自己重要感が高く、元気で、いつも笑顔で、のびのびと、楽しく暮らしているよ！」

そう自信を持って言えますか？

もし、いま、あなたが、

「とてもそんなふうには思えない……」

と感じているとしたら、そのいちばんの原因は、あなたが人生の道に迷っているからです。自分の人生の行き先を決めていないからです。

もし、あなた自身が自分の人生に迷っていたら、お子さんを導いてあげることなんてできませんよね。

では、迷いから脱け出し、自分の道に戻るにはどうすればいいのでしょうか。

難しそうに見えますが、次の3つをやるだけです。

①行き先を決める

②いまいる場所をハッキリさせる

③進む！

ごくごく当たり前のことですよね。

えっ、わかりにくいですか？

では、もう少し詳しく話しましょう。

次の質問について考えて、ご自身の答えをイメージしてみてください。

①行き先を決める

あなたは、本当はどうなりたいのでしょうか？
あなたは、たった1度のこの人生をどう生きるのでしょうか？
それは、他の誰かに依存することのない「あなたの人生」でしょうか？
あなたは、人生最期の瞬間をどんな想いで迎えるのでしょうか？

②いまいる場所をハッキリさせる

①でイメージしたことを実現させるために、あなたがすべきことは何ですか？
そのために、あなたに不足している知識や技術は何ですか？
そのために、他に必要なことは何ですか？

③進む！

あとは②でハッキリしたことを実行するだけです！

えっ？　まだ難しいですか？
では、質問を1つだけにしましょう。

「あなたは、本当はどうなりたいですか？」
この質問を真剣に答えてください。

それだけで、生きるのが楽しくなります。
お子さんに元気を与えられるようになります。
②と③も自然にできるようになります。

いまこの瞬間からあなたの人生が変わりはじめますよ！

〝ちょっとしたこと〟を〝思い切って〟してみる

「幸せのお手本」になるにあたって、とても大切なことがあります。
それは、小さなこと、ささいなことで幸せを感じられる、ということ。
そんなご自身のささやかな変化を感じている例をいくつか紹介しましょう。

「今夜は息子が通っている中学校の来年度の役員決めがあって行ってきました。私はここ3年続けて役員をしています。息子が不登校になってしまい、果たしてこのまま役員を続けていいものだろうかと悩んだときもありました。いまもときどき思いますが、私が元気で活動している姿を見せることもいいのかなと思い取り組んでいます。そのほうが私も元気がでます。

ときには息子のことを相談し、愚痴を聞いてもらうことも。自分のことのように心配してくれて、考えてくれる人がいるというのはとても励みになります。

話は変わりますが、先日息子が『お母さん、なんかきれいになったよ』なんてうれしいことを言ってくれました。実は化粧品を変えたのです。自分がふさぎ込むのは嫌だし、思い切って変えました。たぶん息子はそれも知っていて私を気遣ってくれたのでしょう。息子のやさしさが嬉しかったです」

「ちょっと嬉しいことがあったのでお話しします。

土曜日は、奮発して回っていないお寿司屋さんへ。娘は難しい顔でしたが、夫が『これ美味しいで』と話しかけたりして食べているうちに元気になりました。

日曜日、主人が服が欲しいと買い物に行くことになったので娘も誘いましたが、行かないというので久しぶりに夫と二人で出かけました。夫の用事がすんだあと、私も買い物したいから先に帰っていてもいいよと言うと、めずらしく待っていると言って、最後に夕食の買い出しもつきあってくれました。とっても久しぶりでうれしかったです。夕食は夫がキーマカレーをつくってくれて、娘はカレーが一番好きなので『辛いけど美味しい』とおかわりしていました。

夫が先に食事をすませ、買ってきたワイシャツを合わせようとしたとき、うまく脱げずに、セーターの首から少し薄くなった夫の頭だけが出てもがいている様子を見て、娘が『亀が甲羅に頭を隠してるみたい～』と大笑い。

文章だとうまく伝えられないのですが、そんなささやかですが和やかな娘と夫のやりとりや娘の笑顔が見られて、夫と娘の間にあったすき間が少し埋まったようで、とても感動してしまいました。いままでなら、さらっと流していた他愛のないことでも、こんなに嬉しいなんて……。昨日は夫に感謝感激です」

PTA役員を続ける、化粧品を変える、回っていないお寿司屋さんに行く……。どれも、「ちょっとしたこと」を「思い切って」やってみていることですね。

あなたの身の回りにも、少しの勇気で手に入る「小さな幸せ」があるはずです。「小さな幸せ探し」、ぜひ、毎日実践してみてください！

どうしても「愛されている」と実感できないあなたへ

先日、こんなお便りを頂きました。


「先生聞いてください！

今日はとても嬉しいことがあり、報告したくてメールしました。

私は、自分は親に愛されていないんだって、ずっと拗《す》ねていました。

でも、本当はすごく愛されていました。ただ両親は不器用で、その愛情がわかりにくかっただけだったんです。それに気づいてからも親にはなかなか素直になれずにいました。

今日、あることがきっかけで、いままで愛されていないと思っていたこと、そして、誤解して拗ねていてごめんね、愛してくれてありがとう、と言うことができました。

すると、親から『そんなふうに思わせてごめんね』と言ってもらえたんです。

ずっと抱えていた長年のわだかまりが解消されました。

菜花先生のおかげです。

勉強会がきっかけで、幸せになる方向へ人生が向かっています。

私だけじゃなく、周りの家族みんなが幸せになっています。

息子が不登校になって、すべてを教えてくれました。

まだまだ迷う日も、不安な日もあるけれど、いま本当に幸せです。

だから、息子も必ず幸せになるはずだし、一緒に幸せになります。

息子が心から笑顔になれる日まで、よろしくお願いします！」


「私は愛されていない……」

「私には愛される価値がない……」

あなたもそんな誤解をしていませんか？

「愛されていない」と誤解している人は、
他人を許さず、
自分を許さず、
他人を傷つけ、
自分を傷つけ、
いつも不安で、
周りを不安にします。

一方、「愛されている」と知っている人は、
他人を許し、
自分を許し、
他人を癒やし、

自分を癒やし、
いつも満ちたりて、
周りを安心させます。

もし、あなたが、「私は愛されていない」「私には愛される価値がない」と誤解したままでいると、
お子さんも、「私は愛されていない」「私には愛される価値がない」と誤解します。

なぜなら、その愛には確信がないから。
愛の認識は親から子へと継承されるのです。
もしかすると、「誤解じゃない！　私は確かに愛されていない！」
という方もいるかもしれません。
私はその方に聞きたい。
「だったら本当は愛されたいですよね？」と。

あなたのお子さんは、「愛されたい！」と願っています。

いつもいつも、あなたから愛されたいと願っているのです。

それは何よりあなたを愛しているからです。

もし、あなたが愛の誤解を解き、「愛されている！」と実感したいなら……、
お子さんにも「愛されている！」と実感して欲しいなら……、

「愛されていないと思っていたのは誤解だった」

「本当は心の底で愛されたいと願っていた」

と気づいてください。

その瞬間から、いままで見えなかったあなたへの愛が見えるようになるはずです。

あとがき

本書執筆中、父が他界しました。父との想い出は決して良いものばかりではありません。しかし日が経つにつれ、思い出すのは良いことばかり。

子どもの頃、模型飛行機を一緒に作って飛ばしたこと。山奥までカブトムシを捕りに行ったこと。近所の川で魚釣りを教えてくれたこと。たまの休みに家族で日帰り旅行に行ったこと。会社が倒産し自己破産したときかばってくれたこと。

実際はその何倍もイヤな想い出があるはずなのに……。

昔気質な父は良くいえばマイペース、悪くいえば頑固者で、私とぶつかることも多かった。でもそんな一途な父だからこそ、いつも同じ場所に立つ灯台のように、私の未来を照らしてくれたのだと、いまだから思えるのです。

これから私も3人の子を持つ親として、自分らしく頑固に子どもたちに向き合っていけそうな気がします。たとえ子どもたちとぶつかったとしても、やがてすべてが良い想い出になると父が教えてくれたから。

本書の最後に感謝を伝えたい人がいます。それはあなたです。あなたがこの本を待っていてくれたから書き上げることができました。あなたがこの本を読んでくれたから私の生きる意味がひとつ増えました。本当にありがとう！

あなたがこの本を活かしてくれたなら、あなたの家族が見つける幸せの物語が始まるでしょう！

追伸。「もっとたくさんの体験談を読みたい！」「いろいろな相談事例を知りたい！」

そんなときは巻末の【読者プレゼント】をお申し込みください。

あなたが不登校を卒業するまで、私はあなたを照らしつづけます。

菜花　俊

読者プレゼント

～いつもがんばっているあなたへ～

お子さんの笑顔のために、いつもがんばっているあなたを応援したいから、次の3つのプレゼントをご用意しました。(すべて無料ですので、安心して申し込みください)

1．無料メルマガ
紙面の都合でご紹介できなかった、全国のお母さんから届いた「不登校脱出の体験談」や「相談事例」、「解決のヒント」などを毎週メールであなたのもとへお届けします。

2．「涙と笑いの体験報告集」
日本全国の不登校と闘っている125人のお母さんの体験談をつづった冊子「涙と笑いの体験報告集」(A4サイズ60ページ)を無料で差し上げます。
※冊子は数に限りがありますので、今すぐお申し込みください。

3．不登校脱出勉強会 DVD（ダイジェスト版）
お母さんのための不登校脱出勉強会DVDのダイジェスト版を無料で差し上げます。※こちらも数に限りがありますのでお申し込みはお早めに。

お申し込みは今すぐこちらからどうぞ

https://www.oyagokoro.or.jp/fwd3/book2

※上記ホームページがご覧頂けない方は、下記メールアドレスに空メールをお送りください。
book2@oyagokoro.or.jp

※または編集部までハガキでお申し込みください。
〒162-0056 東京都新宿区若松町 12 - 1
(株) 青春出版社　編集部気付　菜花 俊

何もしなければ、何も変わりません。メルマガや冊子を申し込む・・・
そんな小さな行動からでも未来は変わっていきますよ！

あなたはもうひとりぼっちではありません。
不登校を卒業するまで、私はあなたを応援し続けます。

菜花 俊

著者紹介

菜花俊　1967年、福島県生まれ。心理カウンセラー。不登校解決コンサルタント。NPO法人 親心支援協会理事長。著書『不登校から脱け出すたった１つの方法』の読者からはメール、手紙など感謝、感動の声が続々と届いている。これまで2万通以上の体験報告メールが届き、毎月たくさんの親子が不登校から脱出。即効性のあるノウハウと強力かつ継続的なサポートから入会希望者が後を絶たない。不登校解決勉強会をはじめ全国各地で講演活動も行っている。10年間で1万8000組以上の親子を支援してきた著者の言葉は、親が日々の中で忘れてしまいがちなことを改めて気づかせてくれる。本書は不登校に苦しむ親子のみならず、すべての親の心に届く一冊である。
HP　https://www.ftk1.com/b2/

不登校《ふとうこう》から脱《ぬ》け出《だ》した家族《かぞく》が見《み》つけた幸《しあわ》せの物語《ものがたり》

2017年10月10日

著　者　菜《な》花《ばな》俊《さとし》
発行者　小澤源太郎

責任編集　株式会社 プライム涌光
電話　編集部　03(3203)2850

発行所　株式会社 青春出版社
東京都新宿区若松町12番１号 〒162-0056
振替番号　00190-7-98602
電話　営業部　03(3207)1916

印刷　共同印刷　　製本　大口製本

万一、落丁、乱丁がありました節は、お取りかえします。
ISBN978-4-413-23058-2　C0037

お願い ページわりの関係からここでは一部の既刊本しか掲載してありません。折り込みの出版案内もご参考にご覧ください。

全国の不登校に悩む親子を救ってきたロングセラー

不登校から脱け出すたった1つの方法

いま、何をしたらよいのか？

菜花 俊

他の誰でもなく…
お母さんだから、できることがあります

ISBN978-4-413-03921-5　1300円

※上記は本体価格です。（消費税が別途加算されます）
※書名コード（ISBN）は、書店へのご注文にご利用ください。書店にない場合、電話またはFax（書名・冊数・氏名・住所・電話番号を明記）でもご注文いただけます（代金引替宅急便）。
商品到着時に定価＋手数料をお支払いください。
〔直販係　電話03-3203-5121　Fax03-3207-0982〕
※青春出版社のホームページでも、オンラインで書籍をお買い求めいただけます。
ぜひご利用ください。〔http://www.seishun.co.jp/〕